四特 教育系列丛书 SITEJIAOYUXILIECONGSHU

U0640439

组织试验制作发明

《"四特"教育系列丛书》编委会　编著

吉林出版集团股份有限公司
全国百佳图书出版单位

图书在版编目 (CIP) 数据

组织试验制作发明 / 《"四特"教育系列丛书》编委会编著 . —长春：吉林出版集团股份有限公司，2012.4

（"四特"教育系列丛书 / 庄文中等主编 . 爱学习，爱科学）

ISBN 978-7-5463-8679-9

I. ①组… Ⅱ . ①四… Ⅲ. ①科学实验－青年读物②科学实验－少年读物③创造发明－青年读物④创造发明－少年读物 Ⅳ . ① N33-49 ② N19-49

中国版本图书馆 CIP 数据核字（2012）第 044059 号

组织试验制作发明
ZUZHI SHIYAN ZHIZUO FAMING

出 版 人	吴 强
责任编辑	朱子玉　杨 帆
开　　本	690mm×960mm 1/16
字　　数	250 千字
印　　张	13
版　　次	2012 年 4 月第 1 版
印　　次	2023 年 2 月第 3 次印刷
出　　版	吉林出版集团股份有限公司
发　　行	吉林音像出版社有限责任公司
地　　址	长春市南关区福祉大路 5788 号
电　　话	0431-81629667
印　　刷	三河市燕春印务有限公司

ISBN 978-7-5463-8679-9　　　　　定价：39.80 元

前　言

　　学校教育是个人一生中所受教育最重要组成部分,个人在学校里接受计划性的指导,系统地学习文化知识、社会规范、道德准则和价值观念。学校教育从某种意义上讲,决定着个人社会化的水平和性质,是个体社会化的重要基地。知识经济时代要求社会尊师重教,学校教育越来越受重视,在社会中起到举足轻重的作用。

　　"四特教育系列丛书"以"特定对象、特别对待、特殊方法、特例分析"为宗旨,立足学校教育与管理,理论结合实践,集多位教育界专家、学者以及一线校长、老师们的教育成果与经验于一体,围绕困扰学校、领导、教师、学生的教育难题,集思广益,多方借鉴,力求全面彻底解决。

　　本辑为"四特教育系列丛书"之《爱学习,爱科学》。

　　古今中外,许多成功人士都重视和强调学习方法的重要性。伟大的生物学家达尔文就曾说过:"一切知识中最有价值的是关于方法的知识。"著名的大科学家爱因斯坦的成功方程式则是"成功＝艰苦的劳动＋正确的方法＋少说空话"。这也是爱因斯坦对其一生治学和科学探索的总结。我们不难看出正确的方法在成功诸因素中具有多么重要的位置。联合国教科文组织教育发展委员会在《学会生存》一书中指出:"未来的文盲不再是不识字的人,而是没有学会怎样学习的人。"也就是说,未来的文盲不是"知识盲",而是"方法盲"。所以,在教学中对学生进行正确学习方法教育极具重要性。本书包括提高智力的方法以及各种学习方法和各科学习方法等内容,具有很强的系统性、实用性、实践性和指导性。但要说明的是:"学习有法,但无定法,贵在得法"。教师在教学中要注意因材施教,注意学生的个体差异,进而施以不同的方法教育,这样才能让学生掌握最适合自己的学习方法和学习的金钥匙,从而终身享用。

　　科学是人类进步的第一推动力,而科学知识的普及则是实现这一推动的必由之路。在新的时代,社会的进步、科技的发展、人们生活水平的不断提高,为我们青少年的科普教育提供了新的契机。抓住这个契机,大力普及科学知识,传播科学精神,提高青少年的科学素质,是我们全社会的重要课题。科学教育,是提高青少年素质的重要因素,是现代教育的核心,这不仅能使青少年获得生活和未来所需的知识与技能,更重要的是能使青少年获得科学思想、科学精神、科学态度及科学方法的熏陶和培养。

　　本辑共20分册,具体内容如下:

　　1.《智能提高有办法》

　　智能提高可能性,与遗传基因和后天因素息息相关。遗传因素我们无法改变,能够改变的就是尽量利用后天因素。本书针对学生如何提高学习智能进行了系统而深入的分析和探讨,并给予了切实的指导,对中小学生颇有启发意义,具有很强的系统性、实用性、实践性和指导性。

　　2.《高效学习有办法》

　　高效学习法是一种富教于乐的教育方式和高效学习训练系统。它从阅读、记忆、速算、书写这四个方面入手,提高孩子的"速商"让孩子读的快、学的快、算的快、记的快,迅速提高学习成绩。本书针对学生如何提高学习效率进行了系统而深入的分析和探讨,并给予了切实的指导,对中小学生颇有启发意义,具有很强的系统性、实用性、实践性和指导性。

3.《提高记忆有办法》

人的大脑机能几乎都以记忆力为基础,只有记忆力好,学习、想象、创意、审美等能力才能顺利发展。那么如何才能记得更多、记得更牢、更有效地提高记忆力呢? 本书帮助你找到提高记忆力的秘密,将记忆能力提升到顶点。本书针对学生如何提高记忆力进行了系统而深入的分析和探讨,并给予了切实的指导,对中小学生颇有启发意义,具有很强的系统性、实用性、实践性和指导性。

4.《阅读训练有办法》

本书以语境语感训练为主要教学法,以日常生活中必读的各种文体、范文讲解及阅读材料的补充为内容,从快速阅读入手,帮助学习者提高汉语阅读水平。学生在学习的过程,根据实际情况选用适应的学习方法,定能收到事半功倍的效果。

5.《轻松作文有办法》

写作是汉语的重要组成部分,在汉语中有举足轻重的地位。人们抒发感情需要写作,总结经验教训需要写作,记叙事件需要写作……总之,无论学习、工作、生活都离不开写作。本书针对学生如何提高写作能力进行了系统而深入的分析和探讨,并给予了切实的指导,对中小学生颇有启发意义,具有很强的系统性、实用性、实践性和指导性。

6.《课堂学习有办法》

课堂听课是学生在校学习的基本形式,学生在校学习的大部分时间是在听课中度过的。听课之所以重要,是因为大部分知识都得通过听老师的讲课来获取。要想学习好,首先必须学会听课。本书针对学生如何提高课堂学习能力进行了系统而深入的分析和探讨,并给予了切实的指导,对中小学生颇有启发意义,具有很强的系统性、实用性、实践性和指导性。

7.《自主学习有办法》

自主学习是与传统的接受学习相对应的一种现代化学习方式。以学生作为学习的主体,通过学生独立的分析、探索、实践、质疑、创造等方法来实现学习目标。本书针对学生如何提高自主学习能力进行了系统而深入的分析和探讨,并给予了切实的指导,对中小学生颇有启发意义,具有很强的系统性、实用性、实践性和指导性。

8.《应对考试有办法》

考试主要有两种目的:一是检测考试者对某方面知识或技能的掌握程度;二是检验考试者是否已经具备获得某种资格的基本能力。如何有效的准备考试,可分成考试前、考试中、考试后三个部分做说明。本书针对学生如何应对考试进行了系统而深入的分析和探讨,并给予了切实的指导,对中小学生颇有启发意义,具有很强的系统性、实用性、实践性和指导性。

9.《文科学习有办法》

综合文科的学习旨在帮助学生学会学习,学会分析研究人与自然、人与社会、人与自身关系中的现实问题,学会探讨解决问题的方法等,帮助学生树立终身学习的观念。在这个过程中不断培养学生的实践能力、创新意识和创造力。本书针对学生如何提高文科学习能力进行了系统而深入的分析和探讨,并给予了切实的指导,对中小学生颇有启发意义,具有很强的系统性、实用性、实践性和指导性。

10.《理科学习有办法》

理科学习要形成良好的学习习惯和有效的学习方法。总的来说,科学的学习方法可用如下此歌谣来概括:课前要预习,听课易入脑。温故才知新,歧义见分晓。自学新内容,要把重点找。问题列出来,听课有目标。听课要专心,努力排干扰。扼要做笔记,动脑多思考。课后须复习,回忆第一条。看书要深思,消化细咀嚼。本书针对学生如何提高理科学习能力进行了系统而深入的分析和探讨,并给予了切实的指导,对中小学生颇有启发意义,具有很强的系统性、实用性、实践性和指导性。

11.《组织阅读科学故事》

在我们生活的各个角落,疑问几乎无处不在,而这些疑问往往能激发孩子们珍贵的求知欲,它能引领孩子们正确的认识和了解世界,并进一步地探知世界的奥秘,是早期教育最为关键的环节。为了让孩子们更好的把握时代的脉搏,做知识的文人,我们特此编写了这本书,该书真正迎合了青少年的心理,内容涵盖广泛,情节生动鲜活,无形中破解孩子们心中的疑团,并且本书生动有趣,是青少年最佳的课外读物。

12.《培养科学幻想思维》

幻想思维是指与某种愿望相结合并且指向未来的一种想象,由于幻想在人们的创造活动中起着重要作用,在发明创造活动中应鼓励人们对事物进行各种各样的幻想.幻想思维可以使人们的思想开阔、思维奔放,因此它在创造中的作用是显而易见的。本书针对学校如何培养学生的幻想思维进行了系统而深入的分析和探讨,并给予了切实的指导,对中小学生颇有启发意义,具有很强的系统性、实用性、实践性和指导性。

13.《培养科学兴趣爱好》

怎样让学生对科学产生兴趣?这是很多老师都想得到的答案。想学好科学,兴趣很关键。其实,生活中的许多小细节都蕴涵着丰富的科学知识,大家完全可以因地制宜,为学生创造个良好的环境,尽量给学生提供不同的机会接触各种活动。本书针对学校如何培养学生的科学兴趣爱好进行了系统而深入的分析和探讨,并给予了切实的指导,对中小学生颇有启发意义,具有很强的系统性、实用性、实践性和指导性。

14.《培养学习发明创造》

发明创造是科学技术繁荣昌盛的标志和民族进取精神的体现。有学者预言,二十一世纪将是一个创造的世纪,而迎接这个创造世纪的主人,正是我们那些在校学习的孩子们。因此对青少年进行发明创造教育,就显得极其重要了。心理学家研究表明,青少年的好奇心正是他们探索世界,改造世界,产生创造欲望的心理基础。通过开展青少年发明创造活动,鼓励青少年去发现新问题,提出新设想,实现新目标,这是培养他们的创新精神,提高他们的创造力的最好途径。

15.《培养科学发现能力》

阿基米德在洗澡时发现了阿基米德定律,牛顿看到苹果落地,最终得出了牛顿第一运动定律。在科学史上,这样的事例还有很多,它证明科学并不神秘,真理并不遥远,只要我们能见微知著,善于发问,并不断探索,那么,当你解答了若干个问题之后,就能发现真理。本书针对学校如何培养学生的科学发现能力进行了系统而深入的分析和探讨,并给予了切实的指导,对中小学生颇有启发意义,具有很强的系统性、实用性、实践性和指导性。

16.《组织实验制作发明》

科学并不神秘,更没有什么决定科学力量的"魔法石",科学的本质在于好奇心和造福人类的理想驱使下的探索和创新。自然喜欢保守她的奥秘,往往不直接回应我们的追问,但只要善于思考、勤于动手、大胆假设、小心求证,每个人都能像科学大师一样——用永无止境的探索创新来开创人类的文明。本书针对学校如何组织学生实验制作发明进行了系统而深入的分析和探讨,并给予了切实的指导,对中小学生颇有启发意义,具有很强的系统性、实用性、实践性和指导性。

17.《组织参观科普场馆》

本书集中介绍了全国多家专题性科普场馆。这些场馆涉及天文、地质、地震、农业、生物、造船、汽车、交通、邮政、电信、风电、环保、公安、银行、纺织服饰、中医药等多个行业和学科领域。本书再现了科普场馆的精彩场景;科普场馆的基本概况、精彩展项、地理位置、开放时间、联系方式等多板块、多角度信息,全面展示了科普场馆的风采,吸引读者走进科普场馆一探究竟。本书是一本科普读物,更是一本参观游览的实用指南。通过本书的介绍能让更多的观众走进科普场馆。

18.《组织探索科学奥秘》

作为智慧生物的人类自诞生之日起就开始了漫长的探索进程,人类的发展史就是一部探索科学、利用科学史。镭的发现,为人类探索原子世界的奥秘打开了大门。万有引力的发现,使人们对天体的运动不再感到神秘。进化论的提出,让人类知道了自身的来历……探索让人类了解生命的起源秘密,探索让人类掌握战胜自然的能力,探索让人类不断进步,探索让人类完善自己。尽管宇宙无垠、奥秘无穷,但作为地球的主宰者,却从未停下探索的步伐。因为人类明白:科学无终点,探索无穷期。

19.《组织体验科技生活》

科技总是不断在进步着,并且改变着我们的生活,让我们的生活变得更加多彩。学校科学技术普及的目的是使广大青年学生了解科学技术的发展,掌握必要的知识、技能,培养他们对科学技术的兴趣和爱好,增强他们的创新精神和实践能力,引导他们树立科学思想、科学态度,帮助他们逐步形成科学的世界观和方法论。本书针对学校如何组织学生体验科技生活进行了系统而深入的分析和探讨,并给予了切实的指导,对中小学生颇有启发意义,具有很强的系统性、实用性、实践性和指导性。

20.《组织科技教学创新》

现在大家提倡素质教育,科学素质是素质教育的重要组成部分,学生科学素质培养的核心是培养学生的创新精神和创新能力,创新能力的培养、开发应从幼儿开始,在长期的教学、训练过程中逐步形成和发展。小学科技教学,在培养学生创新精神和创新能力中,起着举足轻重的作用。帮助学生树立新的观念,主动地、富有兴趣地学习新的科学知识,去观察、探索、实验现实生活乃至自然界的问题,在课内外展开研究性的教学活动等,是行之有效的。但是,科技活动辅导任重而道远,这就要求科课教师不断探索辅导方法,不断提高辅导水平,为全面推进素质教育,实施科教兴国战略奠定坚实的人才和知识基础。

由于时间、经验的关系,本书在编写等方面,必定存在不足和错误之处,衷心希望各界读者、一线教师及教育界人士批评指正。

编者

目　录

第一章　学生科学试验制作与发明指导 ……………………… （1）

　　1．学生科学实验与制作活动的意义 ……………… （2）

　　2．学生科学实验制作活动的原则 ……………… （4）

　　3．学生科学实验制作活动的指导 ……………… （5）

　　4．学生科学发明活动的意义 ……………… （9）

　　5．学生科学发明活动的指导 ……………… （11）

　　6．学生科学发明素质的培养 ……………… （16）

　　7．对小学生的发明指导方法 ……………… （19）

　　8．对中学生的发明指导方法 ……………… （21）

第二章　学生科学试验制作与发明启迪 ……………… （33）

　　1．燃烧实验的启迪 ……………… （34）

　　2．光的色散实验的启迪 ……………… （50）

　　3．孟德尔豌豆实验的启迪 ……………… （63）

　　4．α散射实验的启迪 ……………… （77）

第三章　学生物理小试验小制作小发明 ……………… （95）

　　1．鱼往哪里游 ……………… （96）

　　2．人造彩虹 ……………… （96）

　　3．幻影 ……………… （96）

4. 杯底硬币 ……………………………… (97)

5. 奇妙的光线 …………………………… (98)

6. 手心上的圆孔 ………………………… (98)

7. 万花筒 ………………………………… (99)

8. 立体观察器 …………………………… (99)

9. 有趣的枕头 …………………………… (99)

10. 变形的纸圈 ………………………… (100)

11. 听话的铁筒 ………………………… (100)

12. 真空萝卜 …………………………… (101)

13. 跳舞的乒乓球 ……………………… (101)

14. 激流中的小球 ……………………… (101)

15. 玩具气枪 …………………………… (102)

16. 巧取硬币 …………………………… (102)

17. 烟圈炮 ……………………………… (103)

18. 哪个先落地? ……………………… (103)

19. 巧断铁丝 …………………………… (104)

20. 难舍难分 …………………………… (104)

21. 筋斗大王 …………………………… (104)

22. 奇怪的漏斗 ………………………… (105)

23. 空气压缩器 ………………………… (105)

24. 摩擦生电 …………………………… (106)

25. 特殊的电池 ………………………… (106)

26. 以声消声 …………………………… (107)

27. 水笛 ………………………………… (107)

28. 打电话 ……………………………… (108)

29. 锯条琴 ……………………………… (108)

30. 气球传声 …………………………… (108)

31. 找磁铁棒 …………………………… (109)

32. 转动的铅笔 ················ (109)

33. 磁画 ······················ (110)

34. 有趣的"啄木鸟" ·········· (110)

35. 米花的舞蹈 ·············· (110)

36. 静电喷泉 ················ (111)

37. 巧除水垢 ················ (112)

38. 铅笔比重计 ·············· (112)

39. 水下炸弹 ················ (113)

40. 旋转的纸杯 ·············· (113)

41. 神奇的喷泉 ·············· (114)

42. 微型潜水器 ·············· (114)

43. 卫生球跳舞 ·············· (115)

44. 听话的火柴 ·············· (115)

45. 水上浮字 ················ (116)

46. 水面绘画 ················ (116)

47. 简易的温度计 ············ (117)

48. 涨水 ···················· (117)

49. 安全灯 ·················· (118)

50. 切不开的冰块 ············ (118)

51. 铁丝伸长 ················ (119)

52. 冷水"烧"开水 ·········· (119)

53. "小鱼"吃"大鱼" ········ (120)

54. 水喷泉演示装置 ·········· (120)

第四章　学生化学小试验小制作小发明 ······· (123)

1. 人造小火山 ·············· (124)

2. 玻棒点火 ················ (124)

3. 巧除铁锈 ················ (125)

4. 自制肥皂 ················ (125)

5. 怎样制指示剂? ································ (126)

6. 自制豆腐 ··································· (127)

7. 蛋上开花 ··································· (128)

8. 指纹现形 ··································· (128)

9. 巧寻二氧化碳 ······························· (129)

10. 气体灭火 ·································· (130)

11. 会飞的卫生球 ······························ (131)

12. 奇妙的变色花 ······························ (132)

13. 奇妙的催化剂 ······························ (132)

14. 不怕烧的布 ································ (133)

15. 糖水结晶 ·································· (134)

16. 浑水变清 ·································· (134)

17. 烧不断的麻绳 ······························ (135)

18. 巧写"情报" ······························· (136)

19. 气候图 ··································· (136)

20. 土豆上作画 ································ (137)

21. 变形鸡蛋 ·································· (137)

22. 制造化妆品 ································ (138)

23. 废品回收 ·································· (140)

24. 巧辨棉、羊毛和涤纶纤维 ···················· (141)

25. 美丽的蝴蝶 ································ (142)

26. 星光灿烂 ·································· (143)

27. 马铃薯制淀粉 ······························ (143)

28. 人工造雪 ·································· (144)

29. 顽皮的罐头盒 ······························ (145)

30. 除墨迹 ··································· (146)

31. 引蛇出洞 ·································· (147)

32. 水果催熟 ·································· (148)

33. 找淀粉 ……………………………… (148)

34. 化学烟圈 ……………………………… (149)

35. 碘酒变色 ……………………………… (149)

36. 燃烧的冰块 …………………………… (150)

37. 汽水里的气体 ………………………… (151)

38. 烛焰显字 ……………………………… (151)

39. 自制农药 ……………………………… (152)

40. 盐和冰 ………………………………… (152)

41. 无火加温 ……………………………… (153)

42. 摩擦结"冰" …………………………… (154)

43. 卫生球"再生" ………………………… (154)

44. 奇妙的渗透 …………………………… (155)

45. 粗盐的提纯实验 ……………………… (156)

46. 彩色温度计的制作 …………………… (157)

47. 酸奶制作实验 ………………………… (157)

48. 数字式温度计的制作 ………………… (158)

49. 苏打酸灭火器制作实验 ……………… (160)

50. 魔棒点灯 ……………………………… (161)

51. 水中花园实验 ………………………… (162)

52. 高锰酸钾的制作实验 ………………… (163)

53. 喷雾作画 ……………………………… (164)

54. 木器或竹器上刻花法 ………………… (165)

55. 用"心里美"制作酸碱指示剂 ………… (165)

56. 检验含碘盐成分中所含的碘 ………… (166)

57. 滴水生烟实验 ………………………… (166)

58. 吹气生火实验 ………………………… (167)

59. 自制汽水 ……………………………… (168)

60. 检验尿糖实验 ………………………… (168)

61. 检验蔬菜水果中的维生素 C 的含量 ······· *(169)*

62. 水流有力量的实验 ······· *(170)*

63. 气体热胀冷缩实验 ······· *(170)*

64. 小孔成像实验 ······· *(171)*

65. 分离叶绿素 ······· *(171)*

66. 水果电池制作实验 ······· *(172)*

第五章 学生组织模型制作的实践活动 ······· *(173)*

1. 学生模型制作活动的主要内容 ······· *(174)*

2. 学生模型制作活动的组织 ······· *(174)*

3. 学生模型制作活动的知识介绍 ······· *(175)*

4. 学生模型制作活动的具体步骤 ······· *(179)*

5. 模型活动中应注意的问题 ······· *(182)*

6. 学生模型制作活动的竞赛 ······· *(183)*

7. 学生模型制作活动的实践 ······· *(184)*

8. 纸模型飞机的制作实践 ······· *(187)*

9. 侧影舰船模型的制作实践 ······· *(188)*

10. 实体舰船模型和橡筋动力制作 ······· *(188)*

11. 电动舰船模型的制作实践 ······· *(189)*

12. 纸盒车辆模型的制作实践 ······· *(191)*

13. 风力小车模型的制作实践 ······· *(192)*

14. 声学制作活动的实践 ······· *(194)*

15. 光学制作活动的实践 ······· *(195)*

16. 机械制作活动的实践 ······· *(195)*

第一章

学生科学试验制作与发明指导

1. 学生科学实验与制作活动的意义

小实验与小制作活动是具有较强的实践性和创造性的科技教育活动，它是学校课堂教学的一个重要补充，在培养学生科学素质方面可以起到课堂教学难以起到的作用。

帮助学生加深理解自然科学知识

无论是在课堂教学还是在课外活动的教学过程中，教师都要引导学生形成一些科学概念，学制基本的科学原理。概念的形成、原理的理解，往往要从揭示事物的属性入手。不少事物的属性，只有借助实验和制作才能显露出来，才能被认识。例如，水是无色、无臭、无味、透明的液体。这些属性单凭教师的讲述，学生很难理解，如果做一组实验，把水同牛奶、豆浆、酒精等液体作对比研究，学生就很容易认识和掌握水的这些属性。再如，揭示空气是不是一种单纯的气体。让学生做一个实验：把一根小蜡烛点燃，固定在盛有一层水的水槽里，然后将玻璃杯倒扣在蜡烛上，蜡烛点燃了一会儿后就熄灭了，烧杯里的水面上升了一截。这个小实验就说明了空气中至少有两类气体，一类是能够帮助燃烧的，另一类是不能够帮助燃烧的。这样学生就很容易认识空气不是一种单纯的气体。

培养学生的科学志趣

志趣是推动人们成才的起点，也是推动学生进行学习活动的内在动力。一个学生对某一学科有了浓厚的志趣，他们就会产生强烈的求知欲望，就会如饥似渴地学习和钻研。历史上许多有卓越成就的科学家，志趣是成才的动力之一就是对科学的志趣。

心理学家认为，志趣是一个人力求接触和认识某种事物的意识倾向。志趣不是天赋的，而是在后天的生活环境和教育的影响下产生和发展起来。小实验和小制作是培养学生科学志趣的极好活动。首先，小实验和小制作能够帮助学生更好地认识自然事物和现象。自然界许多奇妙的现象，许多奥秘都可以通过小实验和小制作来揭示。学生经常进行小实验和小制作活动，不断揭示自然界的奥秘，对自然科学的志趣就可以逐步形成。其次，小实验和小制作都是趣味性较强的活动，符合小学生喜欢动手，喜欢接触新奇有趣的事物的特征，达到以趣激趣的目的。最后，小实验和小制作大都是实用性较强的活动，它和工农业生产、科学研究、日常生活实际具有密切的联系，学生通过这些活动，可以把现实与理性联系起来，这无疑对培养学生的志趣是具有积极作用的。

培养学生的动作技能

技能是指完成一定任务的活动方式。实验和制作技能属于动作技能，其动作主要是由人手的活动来完成的。动作技能有初级和高级两个阶段，前者是初步学会阶段，后者是技能形成阶段。对学生来说，不论是初级阶段还是高级阶段，都必须由学生亲自动手进行操作练习才能形成。这是其他任何教学形式所不能取代的。

小实验和小制作所涉及的实验仪器和制作工具较多，这些仪器和工具对刚刚接触自然科学的小学生来说是很陌生的。在实验和制作过程中，学生通过观察思考和动作操作，将会逐步熟悉仪器和工具的性能和使用方法，初步掌握某些技能。在实验和制作过程中，学生要手脑并用，要在操作的基本功上、技术上由学会过渡到灵活、准确、协调，甚至接近自动化的程度；更要明了该怎样，不该怎样，为什么要这样而不要那样的道理，由操作练习的机械性转变为理解性。这样，实验和制作技能就能逐步形成。

发展学生的创造精神和创造思维

在小实验和小制作活动的初级阶段，学生的操作往往以模仿为主。

比如，重复教师做过的实验，复制简单的器具。但是，不要小看这些活动，它们是学生能够独立操作的先期准备，其中包含了技能、经验、思维等方面的因素。

随着活动的深入展开，小实验和小制作必然要求学生主体的积极投入，小实验必然逐步从一般操作练习过渡到验证性实验，过渡到探索性实验；小制作也逐步由易而难，工艺逐步变得复杂，而且这种劳动逐步着上了有创造意味的色彩。在这个过程中，学生的创造精神得到了陶冶，创造性思维也必然获得很好的锻炼。

锻炼优良的心理品质

小实验和小制作并不是很容易完成的活动，它需要实验和制作者克服许多困难。因此，小实验和小制作能培养学生克服困难、坚忍不拔、百折不挠的毅力；在小实验和小制作过程中，学生都努力争取自己的实验做成功，努力使自己制作的作品美观、好用，受到教师的表扬和奖励，这能激发学生的好胜心和进取精神；小实验和小制作需要学生认真、细致、实事求是、团结协作，这对学生形成良好的学风，促进非智力因素向积极的方面发展具有重要作用。

2. 学生科学实验制作活动的原则

小实验和小制作活动的指导要依据一定的原则，针对活动过程的各个环节进行。

从乡镇实际情况出发，突出以农为主

我国是一个农业大国，整个国民经济稳定和发展的基础是农业。乡镇小学科技活动中操作性强的小实验和小制作活动，除了要着眼于学生科学素质的培养以外，还应该研究当地的种植、养殖等状况，从乡镇实际出发，树立以农为主的思想，围绕科技兴农这一中心，开展

丰富多彩的小实验、小制作活动。

加强活动室和实验基地建设

小实验和小制作活动的顺利开展需要一定的条件，其中尤其要重视利用学校的条件和社会力量从校内和校外两个方面加强活动阵地的建设。校内活动阵地主要是活动室，活动室一般可与自然教室共用，没有自然教室的学校，可利用一些辅助用房，也可借用某些班级的教室，另外还可以利用校园的空地建立植物实验园、动物饲养场等。校外活动阵地除了青少年科技活动中心等场所外，还应该充分利用博物馆、公园、自然保护区、工人、农场等社会力量。

克服困难，因陋就简，土法上马，解决器材问题

我国幅员辽阔，经济文化发展很不平衡。尽管有些乡镇的生活水平已步入小康，但仍有一些地区还没有很好地解决温饱问题，当地的办学条件也很艰苦，在这些学校开展小实验小制作活动，存在着缺少器材的实际困难。而活动器材又是科技活动的物质基础，传播科技知识的媒介。因此，科技辅导员要发动学生一起克服困难，因陋就简，自制简易教具或利用代用品，解决器材问题。

必须着眼于活动的全程，并有相应的方案或计划

为了充分发挥小实验小制作的功能，还必须从活动的全程出发，针对学生的心理特点和年龄特征，并以全面发展学生的科技素质为目的，制定整体活动、阶段活动及每次活动的方案或计划。

3. 学生科学实验制作活动的指导

小实验与小制作活动过程的指导，包括制订活动计划，指导实际操作和活动总结等。

制订活动计划

为了加强小实验与小制作活动的计划性，保证实验与制作任务的顺利完成，必须认真周密地制订小实验与小制作活动的计划。有了计划，才能避免活动的盲目性，不致出现吃一节剥一节的状况。在制订计划时要注意以下几点：

（1）要深入了解学生

主要了解学生对参加小实验与小制作活动的态度、基础知识水平、技能、智力等情况，特别要根据小学生的特点，从实验出发，了解他们当前的主要要求是什么，倾听他们的反映，尽量采纳他们的意见。

（2）要研究活动计划

教师在深入了解学生的基础上，要结合学校的设备和各方面的条件，根据小实验和小制作活动特点，着眼于小学科技素质的形成，认真研究活动的总体安排和具体的内容。主要包括：本学期小实验与小制作活动的目标；活动的基本情况分析；活动内容及其安排；完成活动任务的条件、困难和主要措施等。

（3）把教师的计划变成学生自己的计划

教师有了计划，就应当考虑怎样把计划变成学生自己的计划，才有利于调动学生实验和制作的积极性，才能使计划真正落到实处，变为学生的自觉要求和实际行动。

实际操作的辅导

（1）在操作内容的安排上要从简易到复杂

学生初次操作时，缺乏认识基础，对较复杂的操作掌握比较困难，因此，应当先安排简易的小实验与小制作，不妨带点机械模仿，然后逐渐过渡到复杂操作，适当加快速度。例如，分析土壤成分的实验就应先安排在沉淀、过滤、蒸发等实验之后，因为前者的实验包含后者，是复杂的实验。学生只有先学会基本的实验和制作，才能比较顺利地

完成较复杂的实验和操作。

（2）以知识作基础，指导实际操作

小实验与小制作虽然属于动作技能的范畴，但是它与基础知识是紧密联系在一起的，学生掌握了与这些活动有关的基础知识，才能比较顺利地进行操作。因此，在指导学生作与制作方法时，不能只讲操作与制作方法，而不介绍有关原理。例如，在制取氧气的实验中，教师除了要介绍操作方法外，还要讲清楚试管口为什么要略向下倾斜，加热时为什么要先预热试管，实验完毕为什么要先把导管从水中拿出来，然后再移开酒精灯，等等。学生明白了这些问题，就能更准确地进行操作。

（3）在操作前要使学生明确操作的目的要求

教师在指导学生实验和操作前，要向学生讲清楚为什么要进行这个实验和制作，应达到什么要求，应该注意什么问题，基本过程是怎样的等等。这样学生就会在教师指导下朝着既定目标发挥自己的主动性和积极性，避免操作中的错误，避免盲目行动，并且在操作过程中，能比较自觉地根据活动的要求，随时对自己的行为作出比较恰如其分的评价。

（4）教师要进行必要的示范

小学生的理解力比较差，而模仿力较强。他们进行小实验与小制作活动，在初级阶段，主要靠模仿掌握其方法。因此，每进行一个小实验或小制作，教师都应把操作中所用仪器、工具的标准名称、用途、使方法、操作步骤、注意事项交待清楚；边交待边示范。这样，才能让学生在实验或制作前头脑里形成一个动作映像，为顺利地进行操作奠定良好的基础。

学生不仅模仿力强，先入为主的识记性也很强。他们喜欢以教师为榜样，处处模仿效法。他们第一次接触到的知识，一旦掌握了，就不容易忘掉。因此，教师要特别注意示范的正确性。如果在操作示范时动作不规范，会给学生留下一个错误的印象，当这个错误的印象成为学生头脑中记忆表象后，进而形成习惯，纠正起来，将是十分困难的。

(5) 安全问题

在小实验小操作的实际操作过程中，常要用到有毒、有腐蚀性或易燃易爆的化学药品，容易破碎的玻璃仪器，还有酒精灯、电源以及一些物理器械。对这些客观条件掌握不当都可能发生事故。如果在实验中发生事故，将可能给学生身心带来无法估量的损害，同时也不利于学生志趣、情感、意志等非智力因素的发展。因此，教师在辅导过程中，要树立"安全第一"的思想，明确不安全因素的所在，一方面要尽可能选择没有危险的内容，或对不安全因素采取积极有效的措施；另一方面通过演示等形式使学生掌握规范化操作的要领，确保实际操作的安全可靠。

实验制作活动总结

每进行一次实验或制作活动，教师都要组织学生认真总结。因为学生在活动中所获得的知识和技能，多是零星的、片断的、局部的，通过总结，可以帮助他们将所获得的知识和技能进行整理，归类并加以巩固。在一个学期内也要集中进行几次总结，进一步调动学生进行实验和制作的积极性。常用的几种总结方式有：

(1) 实验表演

邀请学校领导、家长和其他学生参加，让小组的学生向他们作实验表演。

(2) 作品展览

把小组学生自己制作的作品集中起来，放在陈列室，请教师、家长和社会各界人士来参观。

（3）竞赛

在小组学生中进行实验操作和制作作品竞赛活动，对优胜者给予奖励。

（4）献礼和赠礼

在有关的节日之前，安排小组学生制作一些作品，以这些作品作为礼品，献与或赠给有关人员。如在"六一"儿童节时制作一些玩具，赠给低年级的小弟弟、小妹妹们；在校庆日时制作一些作品献给学校；在教师节时制作一些作品献给教师等。

这些总结方式符合小学生的心理特点，能充分调动小学生进行实验和制作的积极性，同时对全年级以至全校又有推广普及作用。

4. 学生科学发明活动的意义

人类的进步与文明，是建立在无数发明的基础之上的。人类能不断发展，离不开发明创造。文字、纸张和印刷术的发明，使人类能够记载下自己的历史，使历史事件和知识经验流传于世，教育和启发着后人；电灯的发明，使漫长的黑夜呈现光明，人们可以夜以继日地工作、学习和娱乐；火箭的发明，使嫦娥奔月这个神话终于变成了现实，开辟了人类探索宇宙奥秘的新纪元；电子计算机的发明，特别是微电子技术的发展和普遍应用，使人的脑力劳动获得解放，使整个社会生活发生了巨大变革，引起了新的技术革命。

在当前科学技术高速发展的时代，社会的发展、经济建设更离不开发明。发明能使人们认识世界、改造世界的能力上升到新水平，把人类社会推向更高层次的文明。创造学家奥斯本在《创造性想象》一书中指出："一个国家的经济增长和经济实力与其人民的发明创造能力和把这些发明转化为有用产品的能力紧密相关"；美国学者伊顿指出："在不久的将来，我们国家的最高经济利益，将主要取决于我们同胞的创造才智，而不取决于我们的自然资源"。由此可见，发明创造在经济建设中处于何等重要的地位。

中小学生是祖国的未来，科学的希望。现在的中小学生是 21 世纪的主人，他们将承担着使我国经济达到世界中等发达国家水平，基本实现现代化的重任。所以，我们要从小学生抓起，努力培养他们发明的创造意识、创造精神和创造能力，使他们成为建设社会主义现代化国家的后备力量。

中小学生参加发明活动，是培养他们的发明创造意识、创造精神和创造能力的较好途径。

发明活动是一项群众性活动，所有小学生都可以参加。在活动中，小学生能够明确什么是发明创造，深刻认识发明创造的意义，从而树立发明创造的意识。

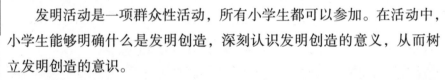

发明活动是开放型活动，它不受教学大纲和教材的束缚，也不受时间、场地、设备等的限制，并且每一次活动都没有固定的答案，中小学生可以在这个广阔天地里纵横驰骋，这样有利于培养他们的创造精神。

发明活动是一项创造性活动。在发明活动过程中，需要中小学生具有多种能力，特别是创造和想象的能力。因此，通过发明活动，可以培养学生的创造能力。

发明活动还可以培养学生热爱科学技术的兴趣，克服困难、战胜困难的坚强意志，树立建设社会主义祖国的信念，养成小学生良好的科学态度，并能使学生受到审美教育、劳动教育以及团结协作、遵守纪律等方面的教育。

5. 学生科学发明活动的指导

启发

启发就是通过讲清发明活动的意义，激发学生发明创造的兴趣，使他们乐意参加发明活动，自觉接受创造思维和发明技法的启蒙教育，增强创造精神和创造意识。学生的心理具体表现在：他们思想单纯、活泼、好动、幼稚、富于想象、善于联想和缺乏独立活动的能力；好表现自己，对老师和家长布置的任务总是想办法完成；对参加集体活动的热情较高，但他们的兴趣和爱好不稳定，当获得一种满足之后，会立即被其他兴趣所代替。因此，他们喜欢参加发明活动，但不能维持较长时间。

根据学生的心理特点，在组织每次发明活动时，教师都要注意启发，除了使他们明确每次活动的目的和意义之外，还要适时布置一些具体任务，尽量使一些个人活动转化为集体活动；对他们在活动中所取得的成绩，及时进行总结和表扬，使他们还不稳定的发明兴趣和爱好逐步稳定。

示范

示范就是运用发明成果作为学生学习的典范，使他们从中得到教益。

榜样的力量是无穷的。学生的好胜心较强，而且善于模仿，因此，在活动中运用一些发明成果和讲一些发明家的故事作为他们学习的典范，会对他们有很大的帮助。

发明成果最好是学生自己发明的，故事最好也是学生的发明故事。因为同是学生，年龄相仿，知识水平相当，他们容易接受，对他们的启发帮助也最大。如果用本校、本班的学生的发明成果作示范，效果更佳。

在示范过程中，教师所选用的典范最好能对本次活动有一定的指导价值。比如，这次活动主要是让学生学习"缺点列举法"，那么，作典范的发明成果最好是用"缺点列举法"所完成的。对每一件作示范的发明成果，教师都要讲清发明人是怎样想到搞这个发明的，运用了哪些发明技法，他在发明过程中遇到了哪些困难，他是如何克服这些困难的，等等。

选题引导

学生通过启发和示范，会产生发明的兴趣和动机，这时，教师就要引导他们寻找发明的课题。

在学生中开展的发明主要是指学生在日常学习、生活和劳动中针对那些感到不称心、不顺手及不方便的事物和方法，运用学过的科学技术知识，创造性地设计和制作出目前没有的产品或生产方法，或对现有的产品和生产方法进行房进与革新，从而为人们的生活、工作、学习带来方便。因此，他们发明的课题种类不多，范围也较狭窄。但是，学生的想象力比较丰富，他们发现的问题，提出的发明课题却是五彩缤纷。在这众多的课题中应选择哪一个呢？一般要注意以下几点：

（1）要引导学生从日常生活和学习中寻找课题。对目前人们使用的用具、文具等，想一想怎样能提高效率，质量怎样能更好，怎样减少故障，怎样可以更安全，怎样可以使价格更便宜，怎样用起来更方便，等等。选择身边的课题，便于学生观察、分析、构思和设计。

（2）要学生发明最后的成果是能在实践中使用的实物。这不仅需要学生的构思和设计，还要小学生自己动手去制作和实验。因此，在选择课题时，要让学生充分考虑，凭自己的科学文化知识水平，能不能完成这项发明课题，能不能把这项发明的构思制作出来，以免白白浪费时间和精力。

（3）要选择发明讲题要专一。学生的发明是在科技活动课或课余时间进行的，精力和时间都很有限。因此，在一段时间里选择发明课题要专一，从一事一物去构思，从一点一滴做起。这样才容易成功。

构思引导

选准了发明课题之后，要引导学生对发明课题进行构思。构思不是一下子就能形成的，一般要经过几个步骤。第一步列出明确的发明目标，包括这个目标的具体要求。第二步剖析目标。对已确定的目标进行分解，分解成一些小目标，然后逐个解决为实现各小目标所必须解决的每一个小问题。第三步形成构思。为实现每个小目标和解决每一个小问题寻找可行的途径和办法。把可行的途径和办法进行组合、构思、制定出这项发明的总体实施计划。第四步对总体构思进行补充的修正。

例如，上海市和田路小学学生方黎，在上体育课时看到全班四十几个同学只有一个篮球架练习投篮动作，这样练习投篮就需排长队。她想，如果能有一个可供几个同学一起练习投篮的球架多好啊！于是，她决定以改革篮球架为发明课题，一心想设计一个可供多人同时使用并适合各年级同学使用的篮球架。

她找到了这一发明课题，并明确了发明目标及这个目标的具体要求之后，就把总目标分解成了以下两个小目标：

①怎样才能使多人同时投篮；

②篮球架的高度是多少才适合各年级同学。

她先思考第一个问题。

有一天，她和三个同学一起去吃早点，四个人各坐方桌的一方。突然，她灵机一动，想到，如果做一个东、南、西、北四个方向都有篮球筐的球架，练习投篮不就可以提高效率四倍吗？方黎同学运用联想的方法，将围方桌吃饭和她要解决的发明目标联系起来思考，将实现第一个小目标的困难解决了。

接着，她思考第二个问题。

篮球架的高度如果按照高年级同学的身高设计，低年级同学练球就不方便；如果按低年级同学的身高设计，对高年级同学又不合适。她在家里冥思苦想的时候，忽然看到了落地灯杆。她想落地灯杆可以调节高低，如果球架也能像灯杆一样可升可降，不就可以适应不同年级同学的身高了吗？正如是，她运用移植的方法，将落地灯杆的升降技术移植到篮球架上，使第二个小目标中的问题迎刃而解。

就这样，一张多用升降篮球架设计图在她的笔下绘好了。这项发明参加了全国首届青少年科学创造发明比赛，荣获了二等奖，还受到了国家体委领导的赞扬。

在小学生构思的过程中，教师要注意以下几个问题。

（1）要注意传授发明技法。要向他们传授构思过程中可能要用到的发明技法，如联想法、组合法等，以便小学生灵活运用。

（2）要注意讲解有关的科学知识。要向他们讲解有关的科学知识。因为小学生所拥有的科学知识毕竟有限，发明过程中的许多问题是他们现有的知识解决不了的，所以，教师要预计他们突破这一发明课题需要运用哪些科学知识，对他们还未学过的科学知识，事先必须向他们传授。

（3）要善于启发思考。教师要善于启发，引起他们思考，向发明目标一步步迈进。

（4）要及时出主意战胜困难。当小学生在活动中遇到困难时，要给他们出主意、指方向，给予他们精神上的支持，使他们增强战胜困难的勇气。

设计引导

设计就是按照总体构思，制定这个课题的整体图形和各部分的图形。

由于中小学生没有学过机械制图，不要求他们绘制规范的机械图，但是可以要求他们画出示意性的草图，包括整体的形状、大小、外观和色彩等，使这项发明有一个比较完整的雏形。为了使总体设计更加完善、合理，还可以利用纸片、木材、铁丝、泡沫塑料和胶水等材料做出一个模型，再对模型进行改进，并进一步考虑先做什么，后做什么，如何按各部分尺寸、形状进行装配，使发明的总体设计更加完善。

制作引导

按照总体设计制作出样品。样品不是模型，而是一件能够实验使用的实物。样品的各部分功能应符合总体设计。学生在制作样品时，教师要在技术、材料等方面给予支持。对于制作比较困难的样品，教师或家长还要协助，使他们能顺利地将样品制作出来。但是，千万不能包办代替。

评估引导

任何一件发明，只有经过实践的检验，才能判断它是不是合格。因此，教师要指导学生对发明进行评估，看这件发明是不是合格。

如何指导学生对发明进行评估呢？首先，看这项发明是不是前所未有的。即从时间上看，提出这项发明以前是不是出现过同样技术内容的东西或方法；从公开方式看，在国内是否公开使用过或在商店销售过，在国内外的报纸、杂志。图书、广播、电视、电影和展览会上是否公开发表过、展示过。其次，把这项发明与其他性能类似、用途相同的东西相比较，看是不是在原有的基础上增加了功能、改进了方法和工艺。再次，看这项发明能不能解决生产、工作和生活当中的实际问题，产生良好的社会效益。最后，看这项表明的性能、原理构造和方法等是否符合公认的科学道理，有没有违反科学的错误，对环境是否会增加污染，对人的身心健康有没有影响等。

对发明的评价贯穿于整个发明活动之中，并不是整个发明活动的最后一步。例如，在选择好发明课题之后，就需要考虑所研究的这个课题是否有新颖性，如果失去了新颖性，就应当放弃这个课题，重新选择新的课题。

6. 学生科学发明素质的培养

小发明活动没有什么固定的模式，但是发明创造的知识可以学习，发明创造的方法可以传授。只要抓住规律，开拓思路，是能够有所成就的。中小学生首先应加强对自己创造素质的培养和锻炼。主要办法是：

要破除迷信，树立信念

发明创造既然别人能够搞成，自己也就有可能搞成，不要把它看得神秘莫测，以为只是那些少数天才发明家才能做到的事。这样树立一个立志发明创造的信念是非常重要的精神因素。

目标明确，有较强的好奇心

干什么事情，都要有个明确的目标，搞发明创造也是这样，你要搞一项什么创造，你想解决什么问题，首先应哈中有个大概的轮廓。然后根据自己确定的目标去想问题，找窍门儿，就容易成功。目标又从何处去寻呢？应该在自己的生活中去寻，从自己身边和所接触的事物中去寻。同时还要从小培养自己对事物的好奇心理，这样就可以帮助你选中目标。

善于观察，勤做记录

在第一章观察和实验活动中我们已经谈到了勤观察勤记录的重要性。在发明创造中，观察和记录也是一个重要的法则。勤观察，不仅能够认识事物，而且能够了解事物的优缺点，激发发明创造的动机。做记录，主要是指当你有了什么好的想法，好的构思时，就应该及时把它记下来，这样可以帮助你成功。"猛然想起的好主意很容易被忘掉，所以一定要随时做记录"，这是一位心理学家的教导，请你记住它。

善于联想，善于借鉴

人的生活中常常有这样的事：甲事物与乙事物看上去好像不存在什么联系，但人们可以通过借鉴甲事物的长处去改变乙事物的不足。如果你平时经常注意把耳闻目睹的事物同你确定的目标联系起来思考，进行多侧面的比较，把事物的"长处"接收过来，说不定就能解决你的疑难。

综合思考，反复讨论

搞发明创造要养成时时处处都勤于动脑子的好习惯。不仅要多一些设想，还要勤奋学习，掌握较多的知识，以便对事物进行多角度的综合思考、综合研究。当然，还要记住一句俗话："三个臭皮匠凑成一个诸葛亮"，搞发明创造不能把自己关在小房子里冥思苦想，还要借助众人的智慧、大家的力量。你不妨把自己的某些想法、某些疑难讲给大家听，让众人反复讨论，提出意见，这样会更好些。

敢于突破，克服惰性

发明创造要敢于突破一些旧思想、旧习惯和旧势力的阻碍。人们在生活中往往有一种惰性，对周围的事物和所使用的东西用惯了，看惯了，习惯了，不易发现缺点；另外也有一些人对什么都要求不高，满足现状，缺乏改革热情，这对发明创造是很不利的。因此，要想搞发明创造就得克服这些惰性。

勤于实践，亲自动手

实践出真知，发明创造离不开实践，很难设想，一个不动手脚、脱离实践的人，会搞出什么发明来。要想成功，就得勤实践，勤动手。勤动手包括勤收集情报、资料，勤试验，勤制作。

尊重科学，量力而行

发明创造本身就是科学，还要抱有科学的态度，既不能脱离实际去空想或抱侥幸心理，也不能好高骛远看不起生活中的小事。同时还要根据自己的实际能力去努力，否则是不会有什么成效的。

小发明活动的特点是新颖、合理、实用，关键在于合理。一切不尊重科学规律的"发明"设计，都是不会成功的。小学和少先队组织的任务是要通过一定的组织形式，努力启发队员们的思路，让队员们充分讨论和总结出一些摸索规律的办法，在组织这类活动时，应抓住四个环节：

（1）是要向队员们普及一些如何进行发明创造、革新的方法，启发思路，启发队员明确什么是发明创造；介绍有关样品和资料，引导大家评议和剖析，从中得到借鉴和启发。

（2）是倡导队员们深入生活，提高观察能力和发现新异现象的能力；鼓励队员们对周围的事物、日常的生活进行观察，遇到不顺手、不方便、不满意的事情，就想方设法去改革，去发明创造，而不要将就对付，得过且过。

（3）是鼓励队员们质疑问难，发现矛盾，寻找发明创造的目标，提出设想方案。

（4）是指导设计，修改制作并注意培养队员不怕失败的毅力和顽强的意士。

小发明和大发明是联系在一起的，今天热心于小发明的少年儿童，将来就有可能成长为真正的大发明家。

7. 对小学生的发明指导方法

根据儿童的心理特点和知识水平，有关专家在进行了大量研究和实验的基础上，提出了 12 种儿童发明技法。这些技法比较小学生在发明创造中运用，特分别介绍。

加一加

思考方法：可在这件东西上添加些什么吗？需要加上更多时间或次数吗？把它加高一些，加厚一些，行不行？把这件东西跟其他东西组合在一起，会有什么结果？

减一减

思考方法：可在这件东西上减去些什么吗？可以减少些时间或次数吗？把它降低一些、减轻一些，行不行？可省略、取消什么吗？

扩一扩

思考方法：使这件东西放大，或使这件东西的某一部分或几部分扩展，会怎么样呢？

缩一缩

思考方法：使这件东西压缩、缩小；或使这件东西的某部分缩小，会怎么样呢？

变一变

思考方法：改变一下形状、颜色、音响、味道、气味，会怎么样？改变一下次序会怎么样？

改一改

思考方法：这件东西还存在什么缺点？还有什么不足之处，需要加以改进吗？它在使用时，是不是给人们带来不便和麻烦？有解决这些问题的办法吗？

联一联

思考方法：某个事物（某件东西或事情）的结果，跟它的起因有什么联系，能从中找到解决问题的办法吗？把某些东西或事情联系起来，能帮助我们达到什么目的吗？

学一学

思考方法：有什么事物可以让自己模仿、学习一下吗？模仿它的形状、结构，会有什么结果？学习它的原理、技术，又会有什么结果？

代一代

思考方法：有什么东西能代替另一样东西吗？如果用别的材料、零件、方法等，代替另一种材料、零件、方法等，行不行？

搬一搬

思考方法：把这件东西搬到别的地方，还能有别的用处吗？这个想法、道理、技术，搬到别的地方，也能用得上吗？

反一反

思考方法：如果把一件东西、一个事物的正反、上下、左右、前后、横竖、里外、颠倒一下，会有什么结果？

定一定

思考方法：为了解决某一个问题或改进某一件东西，为了提高学习、工作效率和防止可能发生的事故或疏漏，需要规定些什么吗？

教师在传授辅导发明技法时，不要照本宣科，花大力气去讲理论，要多例举小学生成功的发明项目用的思维方法，参考一些有关的书刊，运用小学生喜闻乐见的语言和方式以提高辅导的效果。例如，把一些发明的完成过程编成小故事，通过讲故事让小学生掌握一些发明技法，鲁班发明锯子的故事就是一例。小学生听了这个故事以后，就能懂得模仿法的基本常识。再如，组织小学生开展以某一种发明技法为主的小发明活动，使小学生在活动中自觉掌握这一种发明技法。如不通过故事、活动等小学生喜闻乐见的方式去传授辅导发明技法，小学生就很难接受。

8. 对中学生的发明指导方法

探索需要法

需要和希望是发明之母。了解社会的需求和人们的希望，是寻找发明课题的重要途径。在仔细观察和充分调查的基础上，从生活、工作及学习的需要出发，根据人们的某种希望，下功夫去探索、研究，就会创造出成功的发明来。

探索人们的需要，除了要善于观察生活中的各种问题，积极了解人们对所使用物品的意见，主动调查产品在实际中应用情况以外，还可以召开"需要、希望陈述会"，请到会人员围绕一定的主题，陈述、列举自己的需要和希望，然后收集起来进行综合分析，这些希望和要求就成为发明创造的基础。

缺点列举法

在我们日常的生活中，所使用的东西不可能都是十全十美的。即使是工厂里正在生产的各种产品或是市场上正在销售的各种商品，也并不是完美无缺的，它们或多或少地存着这样或那样的缺点。可是，由于人们身上潜在的惰性的影响，对于这些东西逐渐习惯了，不以为然，很少去研究它们有什么缺点和不足。如果人们对经常使用而又十分熟悉的物品采取"吹毛求疵"的态度，并且深究它们的缺点，分析这些物品在使用时不尽合理的地方，开动脑筋，找出它们的缺点，并对这些物品存在的缺点加以改革，就会成功地搞出一项发明来。这种发明的方法就叫做缺点列举法。

用缺点列举法搞发明，关键是发现物品的缺点，如果能够围绕一种物品发现它的缺点，把所有的缺点列出来，再针对列出的缺点，提出改革设想，这项发明就容易成功了。

怎样指导学生去发现缺点呢？可以从以下四个方面入手。

（1）利用课外时间或假日到市场上去搞商品调查，然后进行分析，在调查分析的基础上，发现某些商品存在的缺点和不足。

（2）要随时留意自己日常使用的物品，它们存在哪些不足或不便之处，也应该随时留意自己周围的人们对使用某种物品的反映，以发现缺点。

（3）要敢于质疑，善于质疑。善于从物品的形态、材料、加工与使用等不同角度提出问题，发现缺点。

（4）要对物品的结构、功能等进行仔细分析，通过分析发现缺点和产生缺点的原因，并进一步寻找出改正缺点的方法。

此外，使用好缺点列举法，还要克服安于现状、得过且过的惰性心理。

组合法

把分散的、已有的物品，进行巧妙地调节，并重新恰当地进行组织合成的方法，叫做组合法。组合有以下几种方式。

（1）主体附加　在原有的物品上增加一个新附件。如在自行车上增加一个计程表，成为能计程的自行车。

（2）异类组合　把两种或两种以上不同功能的物品组合在一起。如收录机就是收音机和录音机组合而成的。

（3）同物组合　把若干个相同的物品组合起来。如把许多毛笔组合在一起成为排笔；把两个订书机组织在一起成为双排订书机。

（4）重组　分解事物原来的组织，再以新的意图重新组合起来。

组合法是一种简便易行的发明技法，小学生容易掌握和运用。但是，小学生的盲目性比较大，世界上的事物有千千万万，如果把它们一样一样地不加选择地加以组合，那是极不科学的。因此，小学生在运用组合法搞发明的时候，教师一定要指导学生明确组合的目的。通过组合要提高效率，充分利用空间；通过组合使事物互相补充，和谐一致；要注意物品之间相互的适应性，应以提高事物原有的品格为前提。通过组合，还要达到扩大用途，增加功能，增加效益和节约的目的。

特性分析法

特性分析法是选定某一种物品，对其进行特性分析，并将所有特性一一列举出来，再探讨改革方法，最后形成一项有显著进步的发明的发明技法。

一般事物的特性，按词性来分包括以下三大类。

名词特性：如全体、部分、材料和制造方法等。

形容词特性：如性质、状态等。

动词特性：如功能等。

指导小学生用特性分析法进行发明，首先要使他们掌握分析事物特性的方法。怎样分析事物的特性呢？下面以一浊水壶为例为说明。

（1）名词特性

全体：水壶

部分：壶身、壶盖、壶嘴、壶柄

材料；铝、铜、铁、不锈钢

制造方法：冲压焊接、吹胀

（2）形容词特性

性质：轻、重、结实、变形

状态：美观、清洁

（3）动词特性

功能：烧水、装水、倒水、贮水

其次，要组织学生围绕特性进行改革。如该物品还存在什么缺点，怎样改正这些缺点；在该物品上还增加一点什么，可以增加该物品的功能等等。

最后，要对这些改革建议进行综合，使原物品的缺点得以改正，或有新的功能增加。

检核表法

根据需要解决的问题，或者需要发明创造的对象，列出有关问题，然后一个一个来核对讨论，从中获得解决问题的方法和发明设想的技法，叫做检核表法。

（1）检核表法的使用程序是：

①对一件产品或某一个事物，从多个方面加以提问，根据不同情况得到一系列新设想；

②对所有设想逐一加以分析，产生最终解决问题的综合方案。

（2）检核内容有：

①现有的发明有无其他用途；

②现有的发明能否引人其他的创造设想，或借用、或替代；

③现有的发明是否可以改动一下；

④现有的发明能否扩大用途，延长寿命；

⑤现有的发明可否缩小、减轻、分割；

⑥现有的发明有无代用品；

⑦现有的发明能否更换一下型号和顺序；

⑧现有的发明可否颠倒过来用；

⑨现有的几种发明是否可以组合在一起；

检核表法几乎适用于任何类型与场合的发明活动，享有"创造技法之母"的美称。

智力激励法

在进行发明时，设想越多越容易成功。怎样才能获得大量的创造性设想呢？美国创造学家奥斯本首先提出了智力激励法。后来，人们又对这种方法进行补充修改，产生了一些改良式的智力激励法。

无论是正统的还是改良的智力激励法，通常都是通过一个人数不多的会议来实现。在会上，人们自由地发表看法，互相启发，从而能提出许多的设想。其具体做法有如下几种形式。

（1）奥斯本式

参加会议的人不多于 10 人，以利于充分发表意见。会议的时间一般在 1 小时以内。会议的内容要明确。到会人员可围绕课题任意发表观点，无上下级之分，不分多数人的意见和少数人的意见。由于到会人员能够受到别人的设想的启发，并发表新产生的设想，因而会议结束时，可以得到数十个或数百个设想。

（2）默写式

每次会议由 6 个人参加，每个人在 5 分钟之内要提 3 个设想。开会时，首先提出发明的题目，在对发明题目解释完毕后，让到会的人填写卡片。每张卡片上有 3 个编号。在第一个 5 分钟之内，每人在卡片上填 3 个设想，然后将卡片传给下边的人。在第二个 5 分钟内，每个人从 3 个设想中再填上 3 个新设想，并把卡片传给下面的人。依此类推，半小时一共可产生 108 个设想。

（3）卡片式　此种形式又可分为 CBS 法和 NBS 法两种。

CBS 法的做法是：每次会议由 3～8 人组成，每人持 50 张小卡片，会议大约持续 1 小时。会议的议题明确后，最初 10 分钟内，到会者独立填写卡片（每张卡片一个设想）。接下来的 30 分钟，到会者轮流发表自己的设想，每次读一张卡片，然后由其他人提出疑问，并填写由于启发而产生的新设想。最后的 20 分钟，让到会者自由交流设想，并将新设想记下。

NBS 法的做法是：会前明确主题。每次会议由 5－8 人组成，每人需将 5 个设想填在 5 张卡片上。会议开始后，每人对自己的卡片进行说明。当别人受启示而产生新设想时，应立即填在备用卡片上。全部发言结束后，将所有卡片集中分类，放在桌子上，每类卡片加一个大标题。最后讨论一次，选出可实施方案。

（4）三菱式

在宣布了会议的议题后，花费 10 分钟让到会人员分别在纸上填写设想。接着，每人轮流讲述自己的 1～5 个设想。别人在受到启发后也可以将新设想填在卡片上。然后，每个人将自己的提案汇总，写成正式提案。正式提案写成后，到会人员可以互相提问，进一步修改提案。最后，会议主持人将每个人的提案用图解方式写在黑板上，让大家充分讨论，以便确定最佳方案。

智力激励法的会议一般按如下步骤进行：

第一步，由会议主持人提出研究题目，明确目的要求。

第二步，参加会议的人围绕研究课题进行独立思考，将自己的设想记在笔记本上准备发言或写在卡片上。

第三步，依次发表自己的发明设想。与此同时，会议主持人和其余的人都将每个人的发明设想记录下来。

第四步，对每个人发表的发明设想大家分析、补充。与此同时，参加会议的人都根据别人的设想触发自己的灵感，记在笔记本上，准备提出更新的设想或补充。

第五步，就自己最感兴趣的设想，互相咨询，详细了解设想内容。

第六步，沉思 5 分钟后，再进一步依次提出新的设想和补充意见。

第七步，主持人将全部设想进行整理、归纳、拟出方案，再公布。

第八步，全体参加者对所提方案进行分析、比较，最后集中大家意见，确定最佳方案。

要使与会者全神贯注，集中注意力，充分发挥各人的智慧，必须要求他们遵守以下规则：

①参加人数以 5～8 人为好，最多不超过 10 人；

②开会时间以 0.5 小时到 1 小时为限度；

③主持人在召集开会前，必须向参加者明确研究的课题；参加人如有不清楚、不明白的地方，主持人应负责解释清楚，使参加者心中有数；

④参加人在明确研究目标的基础上，必须围绕议题进行广泛的联想，通过独立思考之后，尽可能多地发表自己的创造设想；

⑤在会上，任何人不许批评或指责别人提出的设想，更不要讥笑和嘲讽；

⑥鼓励任意思考，打消顾虑，大胆设想，想法越多、越新奇越好；

⑦在会上，对任何人提出的设想，都不作判断性结论，待会议结束后，再进行整理和评论；

⑧在会上，不准私下交谈，干扰别人的思路，发表意见的人，必须针对研究问题，集中注意力，把思路表达清楚，使参加者都明白；

⑨参加者应注意听取每个人的发言，利用别人的想法来激发自己的灵感，或结合几个人的想法，综合考虑，另提出自己创新的更好的设想；

⑩每个人提出的设想，不分好坏，一律记下来。

设问法

设问法是围绕现有的事物，以书面或口头形式提出各种问题，通过提问，发现现有事物存在的问题和令人感到不足的地方，从而找到要革新的方面，发明出新的事物来。设问法有很多，比较著名的有以下四种：

（1）5W2H法：

就是从7个方面去设问，这7个方面的英文第一个字母恰好是5个W和2个H。

①为什么需要革新（WHY）？

②什么是革新对象（WHAT）？

③从什么地方着手（WHERE）？

④什么人来承担革新任务（WHO）？

⑤什么时候完成（WHEN）？

⑥怎样实施（HOW）？

⑦达到怎样的水平（HOW MUCH）？

（2）七步法：

第一步，确定革新的方针；

第二步，收集有关资料数据，作革新的准备；

第三步，将收集的资料数据进行分析；

第四步，将自由思考产生出来的各种各样的创造性设想一一记录下来，并构思出革新方案；

第五步，提出实现革新方案的各种创造性设想；

第六步，综合所有有用的资料和数据；

第七步，对实现革新方案的各种创造性设想进行评价，筛选出切实可行的设想。

（3）行停法：

行停法是通过"行——扩散思维（提出创造性设想）"与"停——集中思维（对创造性设想进行冷静的分析）"的反复交叉进行的设问方法。其具体步骤如下：

行——想出与所需要解决的问题相关连的地方。

停——对比进行详细的分析和比较。

行——对解决问题有哪些可能用得上的资料。

停——如何方便地得到这些资料。

行——提出解决问题的所有关键处。

停——决定最佳解决方法。

行——尽量找出试验的方法。

停——选择最佳试验方法。

……直至发明成功。

（4）八步法：

①认清环境；

②设定问题范围与定义；

③收集解决问题的创造性设想；

④评价比较；

⑤选择最佳方案；

⑥初步设计；

⑦实地试验；

⑧追踪研究。

信息交合法

信息交合法就是一个由多维信息标组成全方位信息反应场，在这个反应场中，信息和信息交合产生新信息的发明方法。具体实施步骤如下：

（1）定中心

将新研究的事物、物体或产品圈起来，确定它的位置。如：研究笔，则将笔圈起来，并把它作为一个多维坐标的中心。

（2）划标线

根据中心信息的需要，通过坐标的中心，划几条坐标线，准备串起有关信息序列。如：构造、功能、材料等等。

（3）注标点

就是在信息标上注明有关信息点，如笔杆、笔帽、装饰、赠品……

（4）相交合

以一条线上的信息为母本信息，以另一条标线上的信息为父本信息，相交可产生子信息，即新信息、新产品、新品种。如塑料与装饰交合为塑料装饰笔，再与温度交合，则为表示温度的塑料笔。

利用信息交合地进行发散思维时，要注意如下三个基本要求：

①整体分解原则。即把系统整体按一定程序进行分解。首先根据目标的要求划分出不同的层次，按层次得到要素，一直分到需要的层次为止。

②信息交合原则。先要重视本体交合，即事物本身要素的交合；其次是打破原有功能的框框，引人不同类知识的信息标，进行大范围的"边缘交合"。

③结晶筛选原则。对组合中出现的千万个新品种，应根据评价的结果进行筛选。筛选时要注意新品种的实用性、经济性、易生产性和审美价值。

移植法

在发明创造中，将某个领域内原理、技术、方法、材料和结构引用到另一个领域内进行研究的方法，就是移植法。

移植法有两条途径：一条是将原理、方法应用于具体事物；另一条是为解决正在研究的问题，寻求可以移植的原理、方法。这两条途径的思考程度是不一样的。

（1）是将原理、方法应用于具体事物，思考方法如下：

①已知的原理或方法；

②列出这个已知原理或方法能产生的具体功能；

③列出现实生活中需要这些功能的事物；

④提出各种应用原理或方法的设想；

⑤检验这些设想。

（2）是为解决问题寻求原理、方法，思考步骤如下：

①提出对未来发明品的要求；

②明确需要解决的关键问题；

③列出在现实生活中能解决这个问题的各种装置；

④提出各种移植设想；

⑤检验这些设想。

扩展用途法

扩展用途法就是把一个现有事物的用途扩展到多方面用途，使其发挥更大作用的发明技法。

扩展用途法在发明的实际运用中，没有一种固定的思考程序，其思维方式是扩散型的，应该把握的重点是针对某一事物为了扩展用途而进行发散思维，引发出大量的创造性构想、评价，找出可行性最大的构想，努力使之实现。

（1）事物用途的扩展，常有以下几种方式：

①直接将某种东西运用到另一类事物中去，作用不变；

②在某种东西为主体的情况下，增添附加装置，用途不变，达到功能增加的目的；

③把某种东西同其他东西进行巧妙地组合，功能互相渗透。

（2）运用扩展用途法去发明要注意以下几点：

①经常思考一种物品在不同的场合下会有什么新的用途，是产生新发明的简便方法。

②从一种物品所具有的用途，去扩展它的新用途，也可能会有新的发明产生。

③经常注意研究废弃物品的新用途，也是取得发明成功的有效方法。

④对原有物品的性能稍加改变，扩展这种物品的新用途，也可产生新的发明。

第二章

学生科学试验制作与发明启迪

1. 燃烧实验的启迪

人类对各种自然现象的认识，都有一部曲折发展的历史。拿我们日常生活中经常用到的火来说，人们对它的认识，从北京猿人使用野火到今天，已经有 5000 万年以上的历史。在认识火和燃烧现象的漫长征途上，充满了许许多多的风浪和波折。回顾这个历史，我们可以看到，人类对事物的认识是怎样在错综复杂的矛盾和斗争中辩证地发展的。

千古之谜

火是一种常见的自然现象。我们都见过枯黄的野草和枯槁树枝着火的情景，可是在自然界里会着火的又岂止草木。火山爆发时，熔岩滚滚；鼓风炉里，烈焰翻腾，这些都是坚硬无比的石头在燃烧。就是钢筋铁骨，也不免会被猛火烧成灰渣。就连太空中炎炎的烈日，又何尝不是一个燃烧着的大火球？

关于火，古代流传着许多神话和传说。在古希腊的神话中，据说人间的火是天神普罗米修斯冒着触犯天规的危险从天上偷到人间来的。在我国古代，人们则传说，火是一个叫燧人氏的人发明的。古代劳动人民通过对幻想中的驯火英雄的崇敬来表达他们要求征服自然的美好愿望。同时，这些神话和传说也十分自然地留下了我们先辈对自然界缺乏认识的痕迹。他们虽然已经通过用火感受到了火的光明和温暖。但在他们看来，火还是那么不可理解，是一种神秘莫测的东西。所以，在他们心目中，能驯服火的只有神仙或圣人。

当然，在古代，由于生产力水平低下，人们的认识还很难正确地反映自然界，火终究不是神，也没有什么赐火予人的神仙或圣人。

什么是火，当火成为人们生活和生产不可缺少的东西的时候，人们就十分自然地把火看成是宇宙万物的来源。我国古代"五行"说的金木水火土中有火；古代印度"四大"说的地水火风中有火；古希腊"四元"说的水土火气中也有火；古希腊的赫拉克利特甚至把整个世界都看成是"一团永恒的活火"。

在古代人看来，火是一切事物中最积极、最活跃、最容易变化的东西。它能促成事物的转化，整个世界就在烈火中永恒不息地变化着。要问火本身是什么，人们还只能依托于感觉，在古代哲学家的眼中，火就被看成是干和热两种原始性质的化身。人们从崇尚火到感觉火，从不会用火到学会用火，从只会用野火，到发现钻木取火。这都是人类同大自然长期斗争的结果。

用火，是人们认识火的真正起点。用了火，就能把石头炼成金属，把砂粒和灰碱烧成了玻璃。于是，人们开始认识到，火除了发光、发热之外，还能使物质发生变化。这样，火就不仅仅是光和热的化身，还成了变革物质的强大力量。

火山爆发、雷电轰击、陨石落地和长期干旱都可能产生火。人类在实践中不仅感觉到了黑暗中火带来的光明，寒冷中火的温暖，还发现了经过火烧过的食物更为可口，在熊熊的大火面前，动物相望而逃，火还能够驱赶猛兽，保护人们的生命安全。于是人们从野火中引来了火种，使火为人类服务。这是人类支配自然的伟大开端。

人类掌握了火，可以用火来烧烤野兽的肉和植物的根茎，从而结束了原始人类那因茹毛饮血的野蛮而落后的时代。吃熟食不但减少了疾病的发生，缩短了消化过程，同时也为脑髓的发育提供了丰富的营养，使人类大脑的发育一代比一代完善起来。摩擦生火是人类在生产实践中发明的，在打制石器的过程中，往往发现某些石头相击会产生火星。人们在使用木制工具时，发现枯木被猛力相摩擦就会发热，摩擦出的木屑热到一定程度也会生成火星，火星由于周围有较高的温度，燃烧时间相对较长，若再遇到易燃的干草之类的纤维，就能燃起火焰。

于是人们由此发明了钻木取火等方法。人们尝试着用火去烧烂泥、石头之类的东西时，马上就在改造自然的斗争中取得了一系列的重大成果。制陶术的出现，就是用火烧烂泥的直接结果。后来，人们又从石头里烧出了金属。自然界里含锡的铜矿石，经过粗糙的烧炼，就能得到自然的青铜。又过了许多年，人们才学会了炼铁，制造铁器。

烧陶要善于掌握火候，烧青铜需要更高的温度，至于炼铁，对用火技术的要求就更高了。所以，从发明摩擦取火，经过陶器时期，青铜时代，一直到铁器时代，这里的每一个进步，都同火有着密切的联系，都反映着人类利用火、控制火的能力和水平的提高和进步。随着火的利用不断扩大，煮盐、酿酒、烧玻璃等生产技术陆续出现。从此，人类要发展生产，再也离不开火了。火成了人类改造自然的重要武器，成了"人类新的解放手段"。

火既然能使事物千变万化，那么使粪土化为黄金又何尝不可能呢？

公元 1 世纪，在古希腊的亚历山大里亚城就流传着一种制造"黄金"的工艺，人们用锡、铅、铜、铁等金属熔制成一种黑色熔块，随后加些水银或砒霜使它变白，最后涂上一层硫磺石灰液或媒染剂，使它呈现金黄色的光泽，"黄金"就制成了。

炼金术起源于炼制金属的实践。古代随着冶金技术的发展，人们已经学会用混合各种矿石或在现成的金属里添加各种成分的方法来炼制各种金属。当时，人们只能根据颜色和光泽来分辨金属的"贵贱"，看到金黄、银白就以为黄的是金，白的是银。人们偶然制得一些光泽和色彩都很像金银的合金，便以为是真的黄金和白银。少年朋友们，今天，当你们听到这些无知的人们的所作所为时，你们一定会觉得很荒唐可笑吧。可是，他们有自己的一套自圆其说的理论，每日津津乐道地陶醉在自己的梦想之中。他们认为，之所以能把黑铁化为黄金是因为一切金属在本质上是一样的，都是阳性、火性、燃烧性的"硫"和阴性、水性、挥发性的"汞"相结合的产物。这里所说的硫和汞还不是我们今天所指的化学元素，而是某些神秘的本原。金属的"贵贱"决定于这两种本原在量上的差异。汞多就"贵"，硫多就"贱"。而火在他们的手里就更加神秘了，他们认为，火能烧去其中的硫，留下贵重的汞。所以贱金属愈烧愈精，最后变成宝贵的黄金。

炼金术从我国起源，最后传入欧洲，先后在我国、阿拉伯国家和欧洲的封建社会里盛传了一千七百多年。长期以来，烧金术士脱离劳动人民的实践，关在与世隔绝的幽暗的丹房里，沉醉于点石成金、发现"人造黄金"的梦想之中。虽然他们也长期用火，但是方向错了，指导思想也错了。他们始终没有把人类对火的认识，对燃烧现象本质的认识推进一步。在炼金术支配着火的漫长时期内，关于火和燃烧现象的学说，本质上是唯心主义的，他们把火看成是构成万物的元素和本原，认为物体燃烧则有火分解出来，而留下的是像土或盐那样的灰烬。炼金术士的神话根本无法解答与燃烧现象有关的各种问题。

火微粒与火燃素

大规模用火的实践，把人对火的认识大大地推进了一步。火，在炼金术士的手里，几乎没有结出多少有益的果实。但一旦从炼金术士的丹房里解放出来，却产生了巨大的成果。生产的发展，需要通过化学实验来了解火和燃烧现象的本质。但是，炼金术关于燃烧的神话，严重地阻碍着人们对火的认识的发展。要进步，就必须扫除横在前进道路上的这些障碍和绊脚石。于是，一场近代化学反对经院哲学和炼金术的斗争，就不可避免地爆发了。站在这一斗争前列的是英国资产阶级的早期活动家罗伯特·波义耳。波义耳，这个曾经访问过罗马，被意大利文艺复兴运动和伽利略反对经院哲学的斗争深深激动着的年轻人，在 1644 年——英国资产阶级革命的高潮中，返回祖国，开始从事自然科学的研究。

如果只看现象，许多物体经过燃烧后确确实实都化为灰烬。特别是植物燃烧，在燃烧后只留下了不多的一点灰，似乎它们在燃烧时真有大量的火分解出来似的。但是，波义耳却注意到，金属在燃烧以后，剩下来的灰渣往往比金属本身重，金属的灰渣比金属本身还要复杂。可见，炼金术关于物质构成和火的观念是根本错误的。他们的理论像孔雀的羽毛，虽然好看，但却没有什么用处。

波义耳收集了大量的材料，并亲自做实验来研究这一问题。1603年，他开始了对火的燃烧现象的定量实验。他在密闭的容器内煅烧金属铜、铁、铅、锡等，他发现，燃烧后的这些金属都无例外地增加了重量。这个重量是从哪里来的呢？是不是某种有重量的东西，穿过容器壁上的微孔，跑进容器，同里面的金属结合起来了？如果是，这种东西又是什么呢？经过反复思考，波义耳认为，这种东西就是火。火应当是一种实实在在，由具有重量的"火微粒"所构成的物质元素。

从这个观念出发，他认为，植物燃料在燃烧时，物体的极大部分都变成火焰散失到空气中去，只留下了同物体本身的重量相比是微不足道的灰。而金属燃烧时，从燃料中散发出来的火微粒钻进了金属，并与它结合而形成了比金属本身要重的煅灰。所以，他对金属经煅烧而加重的解释可以用一个式子表达出来，那就是：金属 + 火微粒 = 煅灰。他把煅灰看成是金属的化合物，这比起炼金术的说法要前进了一步，而且也似乎有一定的科学性，因为它毕竟是经过一定的实验而得出的结论，并非背离事实的主观臆想。但是，波义耳的实验太片面了，他在实验中只注意到密闭容器里的金属重量增加的一面，而没有同时考察和金属密切地接触着的空气是否也发生了变化的一面。

火微粒为什么只会钻进结构紧密的金属，使它增加重量，而不能钻进木头、石头等这些结构比较松散的东西，使它们的重量也有所增加呢？这些复杂而又矛盾的现象又怎能用机械的"火微粒"来解释呢？波义耳的火微粒显然不能被人们所接受，它很快就被新的理论所取代，这也是历史的必然。

　　为了统一对燃烧现象的认识，18世纪初，普鲁士王的御医施塔尔，在概括已有观念和综合各种事实的基础上，把炼金术的燃烧性"硫"和波义耳的"火微粒"结合在一起，提出了一种折中的学说——燃素说。

　　燃素说把火看成是由无数细小而活泼的微粒构成的物质实体。这种火的微粒既能同其他物质元素结合而形成化合物；也能以游离方式存在，所谓的游离就是单独存在的形式。游离的火微粒大量地聚集在一起，能形成明显的火焰，弥散于大气之中，给人以热的感觉。由这种火微粒构成的火的元素，就叫做燃素。

　　按照燃素说，燃素充塞于天地之间，流动于雷电风云之中。在地球上，动物、植物、矿物都含有燃素。大气中含有燃素，因而会在空气中引起闪电，而使大气动荡不已；生物中含有燃素，所以才生机勃勃；无生命物质含有燃素，就会燃烧起来。燃素不仅具有各种机械性质，而且又像灵魂一样，本身就是一种动因，是"火之动力"。物体失去燃素，变成死的灰烬。灰烬获得燃素，物体又会复活。

　　当用燃素说解释燃烧现象时，则可以认为一切与燃烧有关的化学变化都可以归结为物体吸收燃素和释放燃素的过程。煅烧金属，燃素逸去，变成煅渣；煅渣和木炭共燃时，煅渣又从木炭中取得燃素，金属重生。燃烧硫磺，燃素逸去，变成硫酸；硫酸和松节油共煮时，又从松节油里夺回燃素，硫酸又被还原成硫磺。在燃素说看来，物体中含有燃素越多，燃烧起来就越旺，比如说油脂、炭黑、硫、磷就是极富有燃素的物质。燃素的含义似乎与火微粒相像，但要知道，他们两方对金属煅烧过程的解释却恰恰相反，按照燃素说，其过程可以表示为：金属－燃素＝煅灰。

　　燃素说虽然比炼金术能解释更多定性的化学现象，但是它同炼金术一样不能解释金属煅烧增重的事实。既然金属在煅烧时要逸出燃素，为什么煅渣的重量反倒增加了呢？为了说明这一点，人们不得不加给燃素一些神秘莫测的性质。有人说，燃素是和地心相排斥的，具有负重量，因此金属失去燃素时，重量反而增加了。有人说，金属失去燃素，就好像活着的人失去灵魂，死了的尸体比活着的躯体要重，死的灰渣自然就比活的金属重。

机械论者看不到燃烧现象的本质，任意杜撰了一个由莫须有的"火微粒"所造成的燃素。然而，用燃素又不能解释全部燃烧现象。怎么办？在科学还深深禁锢在神学之中的历史情况下，形而上学的机械论只好转向传统的神秘论求救，以为只要给燃素这个"臆想出来的"物质再加上一些臆想出来的神秘特性，就可以把它变得像灵魂一样神通广大。所以，在燃素说中还深深地遗留着"万物有灵论"的痕迹。这样，它当然经不起实践的考验。经过人们多方探索，结果谁也没能拿到燃素，特别是人们对化学反应更多地进行了定量研究后，越来越使燃素说陷入了无法克服的困境。

燃烧和空气

中国有句俗语叫"火仗风势"，意思是说空气流通越好，火着得越旺，沙土能够熄灭熊熊燃烧的火，就是因为沙土将空气和火分离开了，从而使火熄灭的缘故。火和空气往往是不可分的，要燃烧总要有空气。所以要对燃烧现象有比较深入的了解，就要知道燃烧和空气的关系，揭示火与气的内在联系。

实际上，远在古代，人们早就在日常生活和生产实践中，掌握了鼓风助燃的道理。鼓风就是鼓空气，空气鼓得越足，火焰也越旺盛。但是，在整个古代，人们对自然现象还缺乏细致的分析。火和空气到底有没有关系呢？有许多人看来，还是个谜。直到后来有一次，波义耳把一个玻璃瓶中的空气抽成真空状态，再在这个抽成真空的瓶中点燃蜡烛、焦炭、硫磺等可燃物体，结果发现它们都不能燃烧，完全失去了燃烧能力。他发现，火焰不能在这个抽成真空的瓶中存在。这样，人们才意识到火和空气之间原来是有着必然联系的。

火和空气有联系，那么是什么样的联系呢？在 17 世纪下半叶，英国的物理学家和化学家胡克曾对此问题有过研究。在他看来，空气好比一种溶剂，燃烧就是可燃性硫在空气中溶解的过程。当可燃性物体中的硫大量地溶解到空气中去的时候，产生了许多热，这就是火。在燃素说发展起来以后，空气就十分自然地变成了燃素的溶剂。有空气，燃素就能溶解出来；没有空气，燃素自己不会从物体中跑出来。所以，直到 18 世纪上半叶，人们对空气的认识还相当笼统和模糊。空气是"空气"，其他气体也是"空气"。一说起"空气"就是一种包罗万象，笼统称之为"气"元素。面对这样的混乱局面，总有些人设法去改变它。

1755 年，英国的化学家布拉克做了一个实验，通过这个实验他发现了"固定空气"即二氧化碳（也叫碳酸气），这才把笼统的"气"元素打碎了。布拉克把石灰石放在容器中煅烧，煅烧前后分别称其重量，结果发现，煅烧后石灰石的重量减少了 44%，他断定这是因为有气体放出的缘故。石灰石是烧石灰的原料，他又将石灰石放入酸中，发现石灰石遇到酸还会"吱吱"冒气，为什么石灰石遇酸会冒气呢？这种气体是什么？布拉克用集气瓶把这种气体收集起来，并用石灰水吸收它，结果澄清的石灰水由于吸收了这种气体却变得混浊起来。再把点燃的蜡烛放在盛有该气体的集气瓶中，蜡烛马上熄灭。这种气体果真厉害！于是布拉克想，它既然有这么大的威力，看看它对有生命的东西会怎样？他把麻雀和老鼠等小动物拿来，然后把它们一一放到盛有这种气体的集气瓶中，结果，麻雀也好，老鼠也好，没有一个可以幸免于死，它们先是痛苦地挣扎着，随后便慢慢地倒在瓶里，再也不能动弹了。布拉克觉得这种气体实在是值得研究，于是想把它收集起来，当他用一瓶盛有石灰水的瓶子来收集这种气体时，他又发现，这种气体的重量与煅烧时放出来的气体重量相等。很显然，这种气体与寻常的空气不一样。由于这种气体是固定在石灰石中，当时布拉克就叫它"固定空气"。以后，布拉克又以碳酸镁做了类似的实验，发现镁石中也存在"固定空气"。这样，在布拉克实验的启迪下，人们不久就发现，"固定空气"不仅存在于石中，动物呼吸中也有，而且木炭燃烧时也有"固定空气"生成，在大气中也常常包含着"固定空气"的成分。"固定空气"既固定又不固定。

在燃素说看来，石灰石煅烧失重，变成碱性的石灰，完全是石灰石在煅烧时吸收了燃素的结果。然而，联系到石灰石遇酸冒气的事实，在对石灰石的煅烧过程进行了大量的研究以后，布拉克断言，石灰石的失重，石灰的碱性，都是由于失去了酸性的"固定空气"所引起的，而与吸收不吸收燃素没有丝毫的关系。这一发现无疑是对燃素说的一个沉重的打击。

但是由于"固定空气"易溶于水，因此布拉克等始终未能收集到纯净的这种气体。直到1766年，英国人卡文迪许才用汞槽法收集这种气体并取得成功。卡文迪许测定了"固定空气"的比重和溶解度，并用确凿的实验证明了它和动物呼出的气体，以及木炭燃烧后产生的气体相同。这种气体后来人们称它为二氧化碳。就这样，人们在大量的科学实验的基础上，发现了二氧化碳气体，从此人们对火和燃烧现象的认识也便走向科学的轨道上来。

二氧化碳的发现，揭开了气体化学的序幕。从此，一系列的气体陆续从空气中分离出来了。

卡文迪许在测定了二氧化碳的一些性质以后，又开始继续他的定量的实验研究。他用铁和锌等作用于盐酸及稀硫酸制得了氢气，并用排水集气法收集了起来。他在实验中发现，用一定量的某种金属与足量的各种酸作用，所产生的氢气其量总是固定的，与所作用的酸的种类无关，也与酸的浓度无关。有一次，他将收集到的不纯的（混有空气）氢气用火点燃，结果，"轰"的一声爆鸣声吓了他一跳，这可是以前没有发现的现象。于是卡文迪许认识到这种气体和其他已知的各种气体都不同，它既不像空气那样有利于燃烧，也不像"固定空气"那样能被碱吸收，它本身却能在空气中燃烧，且发出轻轻的爆鸣声，他把这种新发现的气体——氢气，叫做"可燃空气"。

这种气体是从哪里来的呢？从制作方法上看，它不是从酸中而来，就是从金属中而来，卡文迪许认为这种气体不是酸中产生的，而是由金属中分解出来的。由于卡文迪许是燃素说的虔诚信徒，他认为金属中含有燃素，金属在酸中溶解的时候，他们的燃素便释放了出来，形成了"可燃空气"——氢气。他甚至误认为氢气就是燃素。

二氧化碳的发现，否定了燃素说对石灰石煅烧失重的解释，而氢气的发现却又成了论述燃素存在的新证据。燃素到底有没有？氢气真的是燃素吗？燃烧的原因到底是什么？这一连串的问题成了当时的大问题，它迫使化学家们继续不断地向前探索。

18 世纪 70 年代，法国已经进入了资产阶级革命的前夜，在英国，一个大规模的工业革命高涨时期已经到来。社会的进步有力地促进了工业生产的新高潮，工业机械化的需要对冶金工业，特别是钢铁工业，在数量和质量上都提出了新要求。而要提高金属的质量，第一步就必须弄清楚在鼓风炉里发生着的化学过程的全部细节。

一般说来，鼓风炉里，不外乎是矿砂和焦炭在燃烧。但谁都知道，不鼓风，没有空气的帮助，矿砂、焦炭本身是烧不起来的。在各种物质中间燃烧关系最大的还是空气。这样，人们再也不能忽视空气的作用了。正如有些科学家所断言的那样："要作出有关火的现象的任何真实的判断，没有空气的知识是不行的。"为了了解燃烧的本质，人们的注意力就愈来愈多地集中到空气上来了。

对空气的深入剖析，首先是从考察二氧化碳即"固定空气"的来历入手的。为什么木炭在空气中燃烧会生成二氧化碳，二氧化碳本身又是什么？1772 年，英国的卢瑟福对空气进行了初步的剖析，进行了一系列的实验研究。

有一天，卢瑟福将一只小老鼠放进了一个密封的容器里，然后观察老鼠的反应。起初的时候，小老鼠艰难地喘息着，渐渐地呼吸越来越困难，最后可怜的小老鼠就闷死在器皿中。等这一切都发生过了，卢瑟福发现容器内空气的体积比以前减少了，容器内剩余气体再用碱溶液来吸收，气体还会继续减少。这说明容器中的空气含量中，有一部分是氧气，小老鼠吸收完这些氧气后，就再也得不到生命所必需的气体——氧气而一命呜呼了。还有一部分就是能被碱液吸收的碳酸气，也就是二氧化碳。

卢瑟福就是用这种方法除去空气中的氧和二氧化碳，并且对剩余气体作进一步的实验研究。他在老鼠不能生存的空气里点起一支蜡烛，蜡烛仍然可以隐隐发光；等到蜡烛熄灭后，往其中投入一小块磷，磷还会发光燃烧。通过这些实验现象，他觉得要从空气中除净这些助燃烧和助呼吸的气体是很困难的。以后，他又在密闭的器皿中，利用燃烧磷来除去这种助燃烧和助呼吸的气体，发现效果很好。卢瑟福并没有因找到了除净空气中的氧的办法而终止他的实验。他又继续做了大量的实验研究，发现器皿中的剩余气体不但能灭火，而且还不能维持动物的生命，他给这种剩余气体起名叫"浊气"。他所说的"浊气"其实就是氮气。"浊气"为什么能灭火呢？卢瑟福有自己的理论，他认为"浊气"是给燃素饱和了的空气，意思是说，因为它已吸足了燃素，因此失去了助燃能力。

当然，18世纪的任何发明与发现，都是很难属于某一个人的。当时在研究空气和燃烧关系的科学家还有瑞士的舍勒，英国的普利斯特里和卡文迪许，法国的拉瓦锡等。他们所用的实验方法几乎相同，并且都发现了空气中主要含有两种成分——有助于燃烧和呼吸的气体（氧气）和对燃烧和呼吸不利的气体（氮气）。但是，这两种气体是什么，当时还没有人对它们达成统一的认识，在这个问题的认识上，由于每个人的指导思想不同，因此他们只好分道扬镳了。

百年实验

出身贫寒的瑞士药剂师舍勒，为了谋求生活，一直在药房打工，他经常利用工作之余做一些实验来研究身边所发生的各种问题。燃烧现象的研究兴起以后，他便利用药房的一些方便条件，做了一系列的实验。他能用两种方法来制取氧气，这在当时是很了不起的事情。他总结了自己所做的各种实验结果，最后得出结论。他认为，空气能够助燃是因为空气中含有一种特殊的成分"火气"，它特别容易吸收燃素，"火气"吸收了物体中的燃素后变成了热，通过容器壁上的细孔跑掉了，结果就留下了完全不会吸收燃素的"浊气"。"浊气"是一种同燃素没有任何关系的气体。其实，舍勒所说的"火气"和"浊气"就是我们今天所说的氧气和氮气。尽管他关于"火气"吸收燃素变成热的见解近乎荒唐，但他却是第一个确认空气中包含两种成分的人。

1774年，普利斯特里利用一个直径为 0.3048 米的聚光镜来进行物质加热实验，看一看物体加热后会不会放出气体，并用汞槽来收集产生的气体，以便研究它们的性质。

8月的一天，他像以往做其他物质的分解实验一样把汞煅灰（氧化汞）放在玻璃器皿中用聚光镜加热，不一会儿，器皿中的物质就分解了并放出气体。他想，这种气体一定是空气。他用上水集气法收集了放出的气体，然后把点燃的蜡烛放在集气瓶中，结果蜡烛燃烧得更旺了，火焰也更加明亮起来。这使普利斯特里非常兴奋，他心里想，再用老鼠试试看，于是他把老鼠放在集气瓶中，同时，他把另一只放在盛有空气的同样瓶中，结果，在盛有空气的集气瓶中的老鼠早早地就死去了，而另一只老鼠则比它活的时间长了很多。这只"幸运"的老鼠为什么能多活了这么长时间呢？一定是这种气体有助于动物的生存，不妨自己试试看。普利斯特里大胆地试着吸入这种气体，呀！真奇怪，他顿时觉得呼吸轻快了许多，使他感到格外舒畅。

其实，这些实验结果已雄辩地说明了空气中含有一种能够助燃烧和助呼吸的成分——氧气。但是，普利斯特里是个极顽固的燃素说的信徒，即使有了以上这样的实验依据，他还仍然认为空气是一种单一的气体，助燃能力所以不同，是因为燃素的含量不同。从汞煅灰里分解出来的是新鲜的、一点燃素都没有的空气，所以吸收燃素能力特别强，助燃能力也就格外大，他把这样的空气叫做"无燃素空气"；平常的大气，由于经过动物的呼吸，植物的燃烧和腐烂，已经吸收了不少燃素，所以助燃能力就比较差了。一旦空气被燃素所饱和，就不会再继续助燃，变成了"被燃素饱和了的空气"，也就是卢瑟福所说的"浊气"。

总之，在普利斯特里看来，氧气和氮气的差别仅仅在于氧气是一点儿也不含燃素的空气，氮气是吸足了燃素的空气，平常的空气就是在燃素的含量上近乎两者之间。

法国的拉瓦锡是燃素说的根本反对者，当他了解到了普利斯特里有关氧气的实验后，他花费了大量时间，把大量的精确实验材料联系起来，用天平作为研究的基本工具，对前人做过的许多实验进行了定量分析，终于揭露了燃素说的内在矛盾。

1774 年，他用锡和铅做了著名的金属煅烧实验。他在实验仪器是一个曲颈瓶和一架天平。他把事先准备好的锡和铅精确地称量好，分别放入曲颈瓶中，用塞子把瓶口密封，再用天平精确地称量金属与瓶的总重量，然后加热，直到铅和锡全部变为灰烬，再用天平进行称量，结果他发现，加热前后，总重量没有变化。另一方面，当他把曲颈瓶子打开时，发现有空气冲了进去，这时再进行称量，瓶和金属煅灰的总重量却增加了，而且所增加的量和金属经煅烧后增加的重量恰好相等。在事实面前，拉瓦锡对燃素发生了极大的怀疑，金属的煅灰会不会是金属和空气的化合物？为了证明这个想法，他又用煅灰反复做了许多实验，结果意外地发现，把煅灰与焦炭一起加热时有大量二氧化碳释放出来，同时，煅灰又变成为金属铅。这使他感到不仅是简单地从焦炭中吸取一点燃素的问题了。否则那么多的二氧化碳从哪里来？再联想到焦炭在空气中燃烧也生成二氧化碳的事实，使拉瓦锡更确信煅灰是金属和空气相结合的产物，而且，煅灰在和焦炭共热时所放出的二氧化碳一定是从煅灰中释放出来的空气与焦炭相结合的结果。

要想证明这个结论，最有说服力的当然就是想办法从金属煅灰中直接分解出空气来。于是他又设计了一个实验，加热铁煅灰。但是实验的最后结果并没有得到空气，实验没有成功。正当拉瓦锡遇到困难的时候，当时在巴黎访问的普利斯特里把从汞煅灰中分解得到"无燃素空气"的实验事实告诉了拉瓦锡，拉瓦锡马上用聚光镜重复了普利斯特里的实验。从汞煅灰中分解出了比普通空气更加助燃、助呼吸的气体。

接着而来的问题是，为什么汞煅灰里分解出来的"空气"助燃能力比平常的空气要来得大？为了解决这个问题，拉瓦锡从 *1772～1777* 年的 5 年时间里，又做了大量的燃烧试验。他用磷、硫磺、木炭、钻石燃烧，将氧化铅、红色氧化汞和硝酸钾加强热使之分解等等，从大量的实验结果的分析中，拉瓦锡断言，从汞煅灰里分解出来的气体，绝不是什么"无燃素空气"，而是一种新的物质元素，他把它命名为：oxygene，也就是氧，物质只有在氧气中才会燃烧。空气之所以能助燃，是因为其中含有氧。物质在空气中燃烧不如在氧气中燃烧得旺盛是因为空气中只有一部分是氧，而很大一部分是不助燃的"浊气"。所谓"浊气"也不是什么"燃素化空气"，它是一种物质元素—氮气。物质的燃烧和金属煅烧变为煅灰并不是分解反应，而是与氧气的化合反应。根本不存在燃素说的信奉者们长期坚持的：金属－燃素＝煅灰，而应该是：金属＋氧＝煅灰（某种氧化物）。

这样，拉瓦锡在普利斯特里制出的氧气中发现了幻想的燃素的真实对立物，找到了燃素说的错误根源，揭示了燃烧和空气的真实联系。氧和氮的真正发现，把过去一直以为杂然一团的空气最终分开，解开了迷惑人们达数千年之久的燃素说之谜。

水中有火

俗话说，水火不相容，然而水里却蕴藏着大量的火。如果说，氧的发现解开了燃烧之谜，沉重地打击了燃素说，那么水中取火的实现，就进一步加速了燃素说的崩溃。

生产的发展总是不断地推动着人类对自然界认识的发展。随着蒸汽机的发明和蒸汽动力的广泛使用，从来被人们看成是十分单纯的水，它的内在矛盾也就暴露出来了。水化为蒸汽，它所能迸发出来的力量足以推动各种机械的运转，但水蒸气却又对用来制造机器的金属有很大的腐蚀作用，水能腐蚀金属，这是什么道理？这个问题又不能不引起人们的重视。

1871 年，普利斯特里研究了水蒸气对灼热铁屑的作用，发现水蒸气不仅可以使铁屑变成煅灰，同时还有大量"可燃空气"（氢气）释放出来，他把这种"可燃空气"同普通空气混合后，放在容器里点燃，结果容器爆炸了，在破裂的容器壁上凝结着露珠般的东西。普利斯特里没有对这些露珠多加注意，他想，这一定是容器事先没有烘干。这一事实却引起了卡文迪许的注意，他和他的助手反复多次地进行这种实验，无论容器烘得怎么干，事后都有露珠生成。在一次次的实验中，他都注意着发生的现象，总结规律。最后卡文迪许认为，容器壁的露珠是氢气和空气中的氧气的化合物。进一步对露珠进行分析，发现这种液体无臭无味，蒸干后不留任何残渣，蒸发时也没有刺鼻的气味产生，这露珠似乎就是纯净的水。

水真的是"可燃空气"同"无燃素空气"的化合物吗？为了证实它，卡文迪许直接把氢气和氧气混合在一起燃烧，结果确实有水生成。

同一时期，拉瓦锡也在研究氢和氧的作用，但他却在另一个错误观念的束缚下，陷入了严重的困难之中。在他看来，氧是一种酸素，凡是非金属与氧作用都应当生成酸，因此他一心想通过氢和氧的作用合成出一种尚未知道的酸来。这一幻想迷住了他的心窍，使他对反应中残留在器壁上的水视而不见。直到 1783 年 5 月的一天，他从卡文迪许的助手卜拉格那里得知卡文迪许的发现后，他才恍然大悟。从此，他改变方向，对水、氧和氢之间的关系做了大量实验和定量分析研究，最后也终于发现，"可燃空气"根本不是什么从金属中释放出来的燃素，而是从水中分解出来的一种物质元素，叫氢。它是水的一个组成部分。水不过是氧化了的氢，或者说水是氢气和氧气直接化合的产物。

统一的水分解了，原来的水"一分为二"，水是氢和氧的矛盾对立物。把水分解成氢和氧，从"水中取火"也就有了可能。水的分解显示了氢的真实面目，粉碎了燃素论的最后一张王牌。

燃素说之所以能被推翻，并不是说拉瓦锡是那种了不起的天才。他之所以能够推翻燃素说，是因为"燃素说经过百年的实验工作提供了这样一些材料"，而他对这些材料的真实联系作出了切实和毫不虚假的分析，要是没有实验材料，要是离开了前人和同时代的许多人的实验，燃素说的推翻也是不可能的。

人类对自然界的认识，总是不断发展的，在科学发展的历史上，燃烧的氧化理论代替了燃素说，这是个不可否认的进步。但是氧化理论绝不是对火和燃烧现象认识的终结。

当我们看到盐酸工业中，合成氯化氢反应炉里熊熊燃着的只是氢气和氯气的混合物，连一点儿氧气都没有，这就早已超越了氧化理论的范畴。原子弹的爆炸，产生出更为炽烈的燃烧现象，在那里，连一般的化学运动范畴也突破了。所以我们对火和燃烧现象的认识，也还在继续尝试，继续实验，继续发展。

2. 光的色散实验的启迪

我们生活的这个世界色彩斑斓，但五颜六色是从哪里来的？自古以来人们就一直在思索这个问题。古希腊大学者亚里士多德认为，各种不同的颜色是由于照射到物体上的亮光和暗光按不同比例混合所造成的。中世纪时，随着显微镜的发明，掀起了一个"玩光"的热潮。人们利用各种光学元件观察五花八门的光学现象。你看，凸透镜能将小字放大；凹透镜能使大字缩小；三棱镜更是好玩，一束太阳光经过它折射后，会形成一条色带，按红、橙、黄、绿、青、蓝、紫的顺序排列。奇怪！白色的光通过三棱镜后为什么会变成七彩色带了？英国年轻的科学家牛顿亲手制作了两个光学质量很好的三棱镜，并设计了一个"判决性实验"，来判定太阳光谱的形成原因。

光的自然色散

关于颜色，很早以前人们就已经发现并开始研究它了。古希腊的亚里士多德认为它是人们的主观感觉所造成的，所有颜色都是光明与黑暗、白与黑按比例混合的结果。17世纪前的欧洲，一直流行着这种看法。人们有了颜色的初步概念以后，又发现颜色不仅一种，不同的颜色引起人的视觉感应也不同。那个时期，人们对多种复杂颜色的最初感性认识是从虹开始的。在田间从事生产劳动的人们常常发现，每当雨过天晴的时候，在太阳和云雾共存的天空中，背着太阳的云气中呈现出一道绚丽多彩的光环，这光环是由五种颜色组成的。这一美丽的自然景观引起了人们的极大关注和兴趣，人们开始研究这一有趣而又奇妙的现象。把这美丽多彩的光环叫做虹。

虹到底是什么？它是怎样形成的呢？劳动人民在长期的生产劳动中进行了大量的观察研究，最后，人们发现，虹不是在任何时候，天空中的任何位置都能出现，它总是出现在和太阳相对方向的云气中，没有云就不会见到虹，在没有太阳的阴沉天气中也不会见到虹。这是人们早期对虹的出现条件，以及虹所出现的位置规律的初步认识和掌握。到了唐代，对虹这一自然现象的成因有了比较科学的解释。人们通过对虹的观察看到了五颜六色的现象，这是最早的颜色感观。

中国古代劳动人民不仅大体上认识了虹的成因，还在长期的生产实践中，他们发现用实验的方法能产生霓虹现象，这就是人工造虹。公元 8 世纪中叶，那时候民间有一位名叫张志和的读书人，他善于开动脑筋，遇事总要琢磨个究竟，对一切新奇的现象都很感兴趣。最早一次人工造虹的成功是在一个大雨过后的晴朗的天气中，他站在院中望着天边的彩虹，他想，既然太阳照射雨滴就能产生虹，那么用水滴代替雨滴也应该能产生相同的现象。他在这突发奇想的驱使下，进行了一个人工造虹的实验。他对着阳光喷射水滴，起初，他迎着阳光做这种试验，结果没有发现产生光环。于是他调整自己的观察角度，经过多次多角度的调整，最后发现，如果背着阳光喷水就能看到空气中所出现的五颜六色的光环，当他看到这一和阳光照射雨滴后产生的光环一样的景观时，他高兴极了，马上回房提笔做了记录，记下了这一景观产生的过程。这是史料记载的我国古代劳动人民第一次用实验的方法研究虹。

人们认识了虹的成因，又有了人工造虹的经验，于是就把它推而广之，当人们看到瀑布下泄水珠四溅，他们就仔细观察，结果发现，瀑布下溅出的水滴经日光照射后，也能形成七彩的霓虹。唐代诗人张九龄《湖口望庐山瀑布》中就有"日照霓虹似"的诗句。这样，人们就把日光照射云气中的水滴群，同飞泉周围的水滴群所产生的色散现象联系起来了。

除了对雨虹及其他色散现象的记述和模拟实验外，人们还发现了晶体分光和羽毛的衍射色彩。公元 684～706 年，传说安乐公主用百鸟的羽毛编织出两条裙子，这种美丽的裙子从正面看是一种颜色，从旁边看又是一种颜色，在日光中看和在镜子中看都能形成不同的颜色。这种用百鸟的羽毛编织出的美丽的裙子也是一种光的色散作用的应用。

到了宋代，人们就能对单个水滴的色散现象进行研究了。雨过天晴的时候，落在树叶花草之上的露珠还没有蒸发，在树叶草木的末端水珠欲落未落都聚成圆形，晶莹欲滴，非常惹人喜欢，经日照射后，便呈现五彩的霓虹，其颜色斑斓闪烁，用手挡住阳光，颜色便消失。人们通过长期观察已经意识到，这些颜色不是水珠本身所具有，而是日光中含有多种颜色，经过水珠的作用可以显示出来。可以说，宋代人们的观察分析，已经接触到了色散的本质问题。

除此之外，我国古代人民还发现了天然晶体的色散现象。他们发现，日光经过晶体折射后，光似琥珀，琥珀呈红、黄、褐各种颜色。以上这些所有的色散现象都是自然界自身展示给人们的景观，人们对色散现象的研究也只停留在现象本身。在欧洲，有意识地研究色散现象是从 16 世纪开始的，人们借助于棱镜这种光学仪器，开始进行了大量的色散实验，以解释色散现象的本质。在这大规模的色散现象的研究中，进行得最深入而且最早做出科学解释的是牛顿。

与众不同的牛顿

在物理学史中，最有名的所度之一便是公元 1642 年。这一年，意大利物理学家伽利略溘然长逝，而在英格兰东部的一个小村落里，伊萨克·牛顿呱呱降生。牛顿的诞生之日——12 月 25 日，虽然恰好是圣诞节，可是英王查理一世与国会开仗的炮声却震撼着整个英伦三岛，英国革命进入了国内战争的阶段。

随着资产阶级登上历史舞台和资本主义生产的兴起，科学也以神奇的速度发展起来。17 世纪初，望远镜、显微镜相继发明，光学折射定律，人体血液循环的发现，都表明当时自然科学取得了新的进展。

自然科学的力量开始受到重视，英国的哲学家弗兰西斯·培根提出了"知识就是力量"这一名言。随之而来的是在英国出现了有利的学术环境。热心自然科学的人数迅速增加，学会、学院相继成立。学会的问世及其科学刊物的发行，都成了当时科学家交流学术，启发思想，共同提高的极好形式，有力地促进了当时自然科学的迅速发展。

牛顿正是处于这样一个自然科学和学术环境发生重大变革的时代，他很快顺应了时代的潮流，受到这个时期的各方面熏陶，因而显得与众不同。

牛顿的父亲是一个普通的并不富裕的农民，靠着祖传下来的地产，以耕种谋生。婚后不久，他在一场急性肺炎的袭击下于牛顿出生前便去世了，牛顿成了不足月的遗腹子。他是那样的脆弱瘦小，他母亲说，1夸特（约1升）的杯子就装得下他。微微的气息，嘤嘤的啼声，牛顿的幼小生命是那么弱不禁风，他的母亲无论如何也想不到，就是这个可怜的孩子——伊萨克·牛顿竟活到85岁的高龄，而且是世界上与众不同的出类拔萃的科学家。

牛顿在小学读书时，他的资质一般，学习成绩较差，常被列入劣等。但是与众不同的是，他喜欢沉思默想，对许多事物都感到新鲜好奇，乐于去观察体验。有一天，牛顿突然注意到，早晨上学时，他自己的影子在左边，晚上放学回家时，他的影子却转移到另一边去了，太阳光下的人影会随着时间的改变而移动，这可太有意思了。这一现象启发了牛顿去做了一个日晷——一种利用测日影来确定时刻的器具。这个日晷的圆盘边缘有刻度，中间竖一根小棍，从小棍的影子所指的刻度，就可以知道几点几分钟。沉思默想的牛顿把这个日晷做好后，安放在村子中央，给村民们指示着时间。后来村民们怀着敬意称它为"牛顿钟"。

不仅如此，牛顿在小学的时候，还自己琢磨着造出一架"计时水钟"。这是一个灌满水的小木桶，木桶的底下有一个小孔，用塞子紧紧塞住，打开小孔的塞子，让水一滴一滴地缓缓滴下。木桶里的水面逐渐下降，水面的浮标也随着慢慢下降，并带着指针在均匀的刻度盘上一点点的移动，从而指示着各个时刻。当桶里的水滴尽的时候，恰恰就是中午的时刻。牛顿创造的这个装置虽然被看做是孩童的小玩意，但它却体现了牛顿的好奇心和灵巧的制作。人们对小牛顿的善于开动脑筋的好奇心都称赞不已。

牛顿在 12 岁那年，进了格兰瑟姆中学。到中学后，牛顿依然保持自己的兴趣不变，他继续发展了对手工制作和机械方面的爱好。他经常独自一人钻在自己的小屋子里，制作各种各样的小玩艺。最成功的制作是风筝，他给班级的同学每人做了一个风筝，他做的风筝，不但外形美观好看，而且在拉线的力点和尾巴的重量上都很有讲究，因而他做的风筝起飞得特别快而且飞得也高。这体现了牛顿在力学方面的天才素质。有一次，他把一只纸灯笼点着火，系在他的风筝尾巴上，夜里把它放到高高的天空，就好像一颗巨星升在空中。村民们竞相观看，都很惊奇和恐惧，他们认为这是一颗新出现的扫帚星。这时牛顿跑过来告诉他们，这不是什么扫帚星，是他的风筝！人们才放下心来。当人们得知这是牛顿搞的名堂后，又禁不住交口称赞这孩子的发明创造本领。

在格兰瑟姆镇上有一座高大的风车，人们安装它是为了利用风力来磨面粉。牛顿从学校放学回来路过这里，当他看到这东西的时候，就禁不住地仰着脖子用心地观察风车的转动。边看边琢磨，最后他终于弄懂了风车的工作原理。回家后他也照葫芦画瓢地做了一架小风车，风一吹，叶片转动，加一点儿麦粒进去就能像大风车一样磨出面粉来。可是，风车没有风就不能转动，这不好，太不方便了，于是牛顿又想出了新招，他用铁丝做了一个圆笼子，里面关着一只老鼠，当老鼠踩动轮子时，磨就飞快地转动，居然也能磨出面粉来。

有一天，牛顿把自己的小风车拿到学校去给同学们看，一下子吸引了好多学生。正当同学们议论纷纷的时候，一个学习成绩一向很好但十分骄傲的学生跑过来，他一边盛气凌人地夺过小风车摔在地上，一边又用语言加以讥讽，带头起哄。这使牛顿气愤到了极点，与那个同学厮打了起来，这个平日里沉默寡言的牛顿，把那个优等生打得落花流水。从此，牛顿暗暗下定决心，发奋图强，不久，牛顿的学习成绩就在全班名列前茅。

1661 年 6 月，牛顿以优异的成绩考入了剑桥大学三一学院。格兰瑟姆中学的校长斯托克斯先生深知，牛顿是一个难得的天才，他向剑桥大学输送了一名很有希望、很有前途的学生。为此，斯托克斯先生特别召开全体学生大会表彰牛顿，他以父亲般的骄傲把他心爱的学生列为学校的高材生，他眼中闪动着泪水，赞扬牛顿的性格和特殊的才华。

揭开光谱的秘密

光与人们的生活和生产极为密切，它能引起人们的视觉，人们就是借助光来观察世界，从事各种各样的重要工作的，而光又是人们通常用到的一种最普遍的自然现象，因此光的作用是非常大的。光既然这么重要，那么少年朋友们，你们知道光是怎样产生的，它又有哪些性质呢？

我们知道有许多物体，像太阳、电灯、火炬、萤火虫等，它们都能自己发出光来，在物理学上，我们把这种自己能发光的物体称为光源。生活在远古的人类祖先，是以太阳为光源的，到了黑夜就无能为力了，黑暗给人以可怕可恶的感觉。经过漫长的岁月，人们发现火也能提供光和热，开始时，人们使用天然火，后来，人们学会了利用竹、松脂等制成火炬来作为人造光源。用油灯作为光源的历史在中国也是很悠久的。蜡烛作为光源是后来中国人发明的，战国时期，人们已经知道用纤维或竹心外裹着层层蜜蜡制成了一种叫"蜜烛"的蜡烛。据分析，墨家做光学实验时，用的就是这种蜜烛。直到近代光源——电灯发明以前，在很长时间里，以不同形式出现的火，一直是人们唯一可用的人工光源。通过对光的长期观察，人们发现，只有借助光源发出的光才能引起人们的视觉。

有了光源，就能产生光，光是一种奇特而又重要的物质，它有很重要的性质。远在公元前4世纪，墨翟和他的弟子们做了世界上最早的针孔成像实验，这个实验的结果告诉我们：光照在人身上就像射来的箭一样，是沿直线进行的，而不走曲线。从人体下部射出来的光线，射到屏幕的高处；从人体上部射出来的光线，射到屏幕的低处。从脚部射向低处的光线被针孔所在的屏壁遮蔽，因此脚部成像于屏幕的高部位；从头部射向高处的光线，被屏壁遮蔽了，因此头部成像于屏幕的低部位。人所在的位置离小孔由远而近，则屏幕上的像由小变大。由于从人体射出并穿过小孔投到屏幕上的一切光线都在小孔处交于一点，所以屏幕上的像是倒立的。这是光的直线传播的最早的科学解释，也是世界上对小孔成倒像的第一次实验验证。远在公元前4世纪，墨家就知道用小孔成像的实验来验证光的直线传播特性，实在是一种惊人的科学创举。

光是沿直线传播的，但是在前进的方向上遇到不透明的物体时，就会改变路径被反弹回来，这种现象就叫光的反射，这种不透明的物体叫镜子。光线不能穿透镜子，镜面成像就是光线反射的结果。我们知道，只要对着光滑的平面就可以照见自己的形象，人们最初是利用静止的水面作为光的反射面，当做镜子使用，从水中看到自己的形象，进行整理梳洗，这些都是光的反射作用给人们带来的方便。那么，光的路径的改变是不是就这一种方法呢？不是的，光还有一种改变传播路径的方法，叫折射。

光在某种物质中能被弯曲，可见光能穿透它们，这种物质我们统一叫做透明物质。关于光能穿过透明体的折射现象，中国古代人民早有所知，有史料记载说"削冰令圆，向日取火"，历代都被人们所怀疑。冰在太阳光下，遇热会融化，怎么可能将光线聚集起来进行点火取暖呢？清代科学家郑光复曾经做过实验进行验证。他用一底部微凹的锅壶，里面装上沸水，将壶放在冰上转动，制成一块表面光滑的凸透镜。把它放在强烈的阳光下，果然能把放在冰透镜后面焦点处的纸煤点燃。这个实验实际上是很难成功的，但是，2000 年前的中国古代人们就已成功地做出这样的实验，真可以说是巧夺天工的发明创造。据说 17 世纪著名英国科学家胡克也曾经做过这个实验，当时的科学家们对他赞叹不已，可是，他们哪里知道，早在一千多年前中国人就成功地做过这样的实验。由于用冰做成的透镜不会长久，所以就没有什么使用价值。这个实验是光的折射现象的很好说明，当光线照射到冰（透明物体）上时，就要改变传播路线，发生折射，折射后的光线要通过焦点，所有的光线经冰折射后都会聚集到焦点上，所以这点的温度迅速升高，以致可以点燃物质。

有了这些基本的光学知识，人们就可以对光进行深入的研究了。伟大的科学家牛顿，就是光学领域中的伟大的研究者，单凭他在光学方面的贡献，就完全可以成为科学史上的伟大人物，他在光学方面的主要贡献是对颜色的研究。在牛顿所处的时代，由于实验科学的发展，推动了人们对光的研究。

有一天，牛顿取来一块长纸板，一半涂成鲜红色，另一半涂成蓝色，然后把它放在窗户边，通过一块玻璃三棱镜来观察纸板。他发现，如果把玻璃棱镜的棱角朝上，使纸板由于折射看起来像是被抬高了，那么折射的结果将使蓝色半边比红色半边抬得更高。他把棱镜反倒过来，让折射棱角朝下，使纸板由于折射看起来被放低时，蓝的半边就比红的半边降得更低了。因此，牛顿断定蓝光折射比红光厉害些，也就是说不同的颜色具有不同的折射率。

这个设想是否正确呢？为了证实它，牛顿又做了一个实验。他拿来一张纸，一半涂上蓝色，一半涂上红色，用蜡烛做光源，经透镜在另一张纸上成像。结果却发现，无法使涂色纸片的两边同时呈现清晰的像，蓝色半边的像要在离透镜更近的地方才能看清楚。这说明，被蜡烛照射的红蓝纸片所发出的红蓝光经透镜后聚集在离透镜不同距离的地方，这就是透镜成像的色差。这种现象的发生是因为红蓝光具有不同的折射率所造成的。

　　1666年，年轻的科学家牛顿亲手制作了两个光学质量很好的三棱镜，并设计了一个"判决性实验"，来判定太阳光谱的形成原因。牛顿将两个棱镜隔开一段距离放置，在它们中间放置一个屏幕，屏幕中间开有一条垂直的狭缝。他再将房间的百叶窗放下，房内顿时漆黑一片，牛顿事先在百叶窗上开有一个小孔，这时外面的阳光透过这个小孔射向第一个棱镜，牛顿预想将会像小孔成像一样，在屏上会看到圆形的太阳的像。然而，结果却相反，在屏上看到的却是被拉长了的太阳的像，并且形成了一条光彩夺目的彩带。彩带的顶部是蓝色，底部为淡红色。牛顿感到这很有趣，他又将第一个棱镜转动了几次，使彩带的7条光线依次投到狭缝上。这样，7种不同颜色的光又通过狭缝投射到第二个棱镜上。牛顿发现，在第一个棱镜上折射得很厉害的蓝光，也在第二个棱镜上得到最大的折射。原来，太阳的像被拉长是由于光不是均匀的，而是由不同类型的光线组成的，其中的一些比另一些更容易被折射的缘故。而且各种彩色光透过第二个棱镜折射后虽然各自的折射角更大，但却不再展现出彩色带，而只显示各自的颜色。牛顿将白光分解成各种色光的现象称为色散，将白光分解后形成的彩带称为光谱。

　　牛顿对这个实验结果非常感兴趣，他仔细分析了实验现象，他想，光谱的形成到底是什么原因呢？当时，人们对光谱的解释多种多样，在众多的解释中最权威的是：从太阳表面不同点发出的光进入棱镜时的角度各不相同，这造成了三棱镜对这些光线折射的不同，结果就形成不同的颜色。年轻的科学家牛顿并不迷信权威的说法，他说，如果造成光谱是由于光在入射时的角度不同，导致棱镜对它的折射不同，那么，各种色光从狭缝入射到第二个棱镜时的入射角也不同，理应由于折射的不同再造成一次色散而形成新的光谱。实验结果却对这种推论"宣判"了死刑。究竟怎样来解释太阳光（白光）通过三棱镜后形成的光谱现象呢？

经过一段时间的思考，牛顿提出了这样的解释：白光是由折射能力各不相同的色光混合而成的，当白光透过棱镜时，由于各种色光的折射能力不同，于是"各奔东西"，造成了这些色光彼此远离而形成一条七色彩带。对于其中的一种色光来讲，由于它已经是单一成分了，即使再通过棱镜也不会造成色散，而依然保持本色，只不过在第二次透过棱镜后，折射将更厉害一些罢了。

判决了旧理论的死刑，又怎样来证实新理论的新生呢？为此，牛顿又做了一个"支持性实验"。他在上述实验装置上作了一些变动：撤走了第二个棱镜和屏幕，在屏幕位置上放了一只很大的凸透镜，牛顿让经过第一个棱镜色散后的光谱投射到凸透镜上。结果，所有 7 种颜色的光经过凸透镜后就会聚成一束白光了！由此，它直观地显示出，白光是由这些色光混合而成的。

"白光是由各种色光混合而成的"，这是一个重大的发现。牛顿的实验与结论使人们对颜色的认识的主观成分大大地减少了。他还成功地解释了虹的成因。牛顿认为，在天空中一边有阳光照射，另一边乌云密布的时候，彩虹就将出现。这是因为彩虹的颜色实际上是被云中或下落的细小水滴所反射的阳光分解。阳光照射在水滴上，进入水滴发生折射，接着在水滴的另一面发生全反射后，再从前表面折射出来，结果不同色光在离开水滴后就呈扇形散开。因此，地面上的观察者若是背向太阳，就会看到弧状的彩虹。

牛顿环的发现

眼是人的五大感官之一。人类通过视觉观察和认识自然界比用其他感官更直接，更富有色彩。光学仪器的产生，使人类的视野更加扩展，它帮助人们克服视觉器官的局限性，大大丰富了感性认识的内容，在广度和深度上大大地增强了人类的认识能力，使感性认识更加精细。

就在研究颜色理论的过程中，牛顿对改进折射望远镜发生了兴趣。在牛顿所处的时代，最好的折射望远镜可以目测到土星神秘形状的变化，但是望远镜的色差严重影响着观测的精确性。所谓色差是指星球发出的白光经过望远镜时，由于组成白光的各种色光的折射率不同，结果造成星球的像的模糊，在像的边缘总有一圈颜色。在牛顿之前的许多科学家，都绞尽脑汁想办法去掉这讨厌的色差，但由于缺乏理论根据，最后谁也没有成功。在牛顿提出了白光形成的新理论后，他自己马上把这一理论运用到改进望远镜上。他经过多次实验研究，从光的反射与光的颜色无关出发，于 1668 年制成了反射式望远镜，这台望远镜是一个大口径的旋转抛物面反射镜，它将天体成的像作为平面反射镜的虚构物，平面反射镜成的实像再经短焦距的目镜放大，供人观察。

反射式望远镜有效地避免了色差，成像清晰，又由于它的物镜口径较大，所以它的分辨本领较高，可以进一步看清天体的形态，用这种望远镜也可观察到了木星的卫星和金星蚀等。1671 年，牛顿又制成了一台更大型的反射望远镜，他把这台花费了很多心血的望远镜献给了英国皇家学会，得到了极高的评价。

颜色理论作为牛顿发表的第一项科学成就，并没有得到一致的赞同。当时公认的杰出光学家惠更斯就曾怀疑过运用这种理论能否解释所有的颜色现象。自然哲学教授帕底误解了它的大部分内容以致看不到它的价值。而自居皇家学会要位的胡克的评论更令人失望，他只是称这种理论为一种"假说"，并指出这种"假说"在解释薄板的颜色这个问题上所存在的缺点。

为了回答胡克提出的问题，牛顿又做了一系列实验，在实验过程中，他又发现了牛顿环现象。

牛顿取来两块玻璃镜，一块是4.27米望远镜用的平凸透镜，另一块是15.24米望远镜用的大型双凸透镜，在双凸透镜上放上平凸透镜，让它的平面朝下，然后慢慢地把它们压紧，接触点的周围就形成一组明暗相间的同心圆环。压力渐渐增大，圆环的中心陆续出现各种颜色，然后再把上面的玻璃慢慢抬起，使之离开下面的玻璃体，于是这些颜色又在圆环中心相继消失。在压紧玻璃体时，在别的颜色中心最后出现的颜色，初次出现时看起来像是一个从周边到中心几乎均匀的色环；再压紧玻璃体时，这色环会逐渐变宽，直到新的颜色在其中心出现，而它就成为包在新色环周围的色环；再进一步压紧玻璃体时，这个环的直径会不断增大，而其周边的宽度会减少，直到另一种新的颜色在最后一个色环的中心现出……如此继续下去，第三、第四、第五种以及随后不断在中心现出的别种颜色，并成为包在最内层颜色外面的一组色环，最后的一种颜色是黑色的圆点。反之，若是抬起上面的玻璃镜，使其离开下面的透镜，色环的直径就会缩小，其周边宽度则增大，直到它的颜色陆续到达中心，后来它们的宽度变得相当大，这样就更容易认出和识别出它们各自的颜色了。在透镜接触点处所形成的透明中心点之后，接着出现的是蓝色、白色、黄色和红色，其中蓝色比较暗淡。紧接着包在这些色环外面的色环的颜色次序是紫色、蓝色、绿色、黄色和红色，只是绿色的量很少，似乎比其他颜色显得模糊暗淡得多。第三组色环的顺序是紫、蓝、绿、黄和红色。在此以后，是由红色和绿色所组成的第四组色环，以后的各组色环越来越变得模糊不清了，到三轮以后，它们终于成为一片白色了。

牛顿不仅在如此周密的观察基础上作了详尽的定性描述，而且进一步作了仔细的定量计算，得出亮环的半径的平方是由奇数所构成的算术极数，暗环的半径的平方是由偶数所构成的算术级数。利用牛顿的这一结论，在知道了凸透镜的半径后，就可以算出暗环和亮环出现地点的空气层厚度。在牛顿的实验装置下，空气层厚度从接触点向外连续增大，所以会看到交替出现的暗环和亮环。因为不同颜色的光对应于不同的波长，所以不同颜色的亮环半径也就略有不同，结果就会看到类似彩虹一样的色环了。

勤奋出天才

牛顿是一位杰出的科学家，他成功地进行了把白光分解为光谱色的实验和揭示了颜色之谜，奠定了近代光学的基础。他的伟大还远不在此，他完成了经典力学体系而奠定了近代物理学的基础；他由于确定了万有引力定律而奠定了近代天文学的基础；他还发明了微积分而为高等数学奠定了基础。牛顿作出了如此众多的开创科学新时代的重大发现，在人类发展科学知识的征途中，建立了永垂万世的功勋。

牛顿为什么会有这样杰出的科学成就呢？也许有人认为这完全是因为牛顿天资聪明、才能出众，但牛顿自己并不同意这种看法，他说："我只是对一件事情很长时间，很热心地去考虑罢了！"这句话是很有道理的，我们并不否认天赋的作用，也不回避牛顿在青年时代已与众不同，可是勤奋地学习，废寝忘食地工作，专心致志地长时间思考，这种后天的实践，才是他成功的主要原因。

少年时代的牛顿并不太聪明，在学校里常常遭人冷眼，学习成绩低劣。但在为此而受人侮辱后，牛顿决心甩掉"劣等生"的帽子，开始发奋读书。牛顿是"勤奋"两字的最好实践者，他深明勤奋的意义和价值，他更为后人留下了勤奋的记录和榜样。牛顿孜孜不倦，顽强坚韧所取得的成功，正是他勤奋工作的写照。

3. 孟德尔豌豆实验的启迪

科学发展到今天，人类探索生命运动规律的奥秘，已经不仅仅是认识它、利用它，而且还要改造它、控制它，甚至神话般地创造它。

正是现代遗传学这门新兴的学科，为人类揭示了生物的遗传规律。它告诉我们，只要实现生物之间的基因重组和转移，就有可能按照人类的需要创造出自然界从来没有的生物新品种。那么，谁又会想到，这门新学科的创始人竟然是 19 世纪奥地利的一个普通的基督教神父？置身于宗教法规森严的"神"的世界，约翰·孟德尔竟能为"人"创造出未来科学发展的美好天地。从 20 世纪 70 年代起，遗传工程的发展为在新世纪实现人工合成生命物质和创造新生命开辟了十分诱人的前景。

最早的遗传意识

中国有句古语叫做"种瓜得瓜，种豆得豆"。子女酷似双亲，虽然不是惟妙惟肖完全相同，但这其中已经揭示了生物遗传性的存在。人们从古时候就注意到了孩子像父母的这种遗传现象。例如，年轻的父亲没有白发，也无胡须，其子与他一样，可是等上了年纪时却都长出胡须来，变成了白头翁。这真是不可思议。

长期以来，人们对这个问题的看法众说纷纭，19 世纪对遗传性盛行的一种解释是"泛生论"。"泛生论"者认为在雄性体上存在着一种物质，这种物质是遗传性的载体，叫精液。精液在全身各部分形成并在血管中流动，精液通过雌雄交配进入雌性体。子女酷似双亲，就是因为精液在身体各部分形成，所以也就反映出该部分的性状。"泛生论"是由亚里士多德和其他一些古希腊人设想出来的，他们把它作为进化变异的基本机制，他们认为进化是许多世代"获得性状"积累的结果;"用进废退"使身体发生了变化。比如说,体育运动者发达的肌肉,而且这些变化可以传给子代,只要在全身形成的精液反映出这些变化,子代的性状就会表现出这些变化。"泛生论"也为19世纪的一些生物学家所接受。

后来,又有人提出了"种质"学说,这个学说区分了"种质"和"体质"两个概念,"种质"是指那些性细胞和产生性细胞的细胞,"体质"是指构成身体所有其余部分的体细胞。在繁殖过程中,"种质"自身永世长存,"体质"只是作为保护和帮助"种质"繁殖自身的一种手段而附带地由"种质"所产生。这种观点与"泛生论"形成鲜明的对照。支持"种质"说的人们为了证实自己的观点做了许多实验,虽然这些实验是很粗放的,但对以后的遗传学发展有相当大的影响。

现代遗传学之父孟德尔

遗传学的基本原理是在19世纪由孟德尔发现的,他是奥地利修道院中的修道士,他的实验和著作是科学研究的卓越典范,作为一个伟大的科学家,孟德尔的一生将永远留在我们的记忆中。

在奥地利西里西亚地区,靠近奥得河上游有一个小村庄叫海因赞多夫村,村子的最西头住着安东·孟德尔一家。约翰·孟德尔是这个贫苦家庭中的惟一男孩,安东·孟德尔和罗赛恩夫妇俩视小约翰为掌上明珠,他们指望着儿子有朝一日能出人头地,摆脱这世世代代都是农奴的贫苦生活。

1833年夏季的一个夜晚,劳累了一天的村民们大多都已酣然入睡。村子里静悄悄的,突然,安东·孟德尔的屋子,响起了一阵轻轻的叩门声。10岁的约翰·孟德尔打开屋门,也惊喜地叫了起来:"是您,托玛斯先生!"原来,这位面容和蔼可亲的绅士是小约翰正在上学的本地拉波尼克初级中学的校长,他是位既富有同情心又富有责任心的优秀教育者。那么，他深夜来访是要干什么呢？安东夫妇用猜疑的目光看着这位可亲可敬的绅士。"孟德尔先生，您的儿子很有天才，我怕我的学校会贻误他的宝贵前程。"托玛斯先生恳切地和安东·孟德尔夫妇俩交谈着。原来，他深夜来访的目的是为了说服约翰·孟德尔的父母同意儿子转到一所当地很有名气的高级中学——特洛堡大学预科学校去读书。可是，他们实在太穷了，除了家门口那个小园子以外，他们几乎没有一寸土地，平日只能靠打短工和租种地主家的地来维持全家人的生活。

生长在这个被称为"多瑙河之花"的美丽村镇里，约翰·孟德尔从小就对大自然、对四周围的花草树木都产生了强烈的兴趣。他的外祖父和父亲都是出色的园丁，有一手果树嫁接和植物栽培方面的精湛技艺。尤其是父亲安乐，除了种地之外，他几乎把自己所有剩余时间都花在家门口的小园子里。从幼年起，孟德尔就跟着父亲在园子里修剪花木，栽培果树，还种养了好多珍贵的奇花异草。在他幼小的心灵里，早就埋下了爱惜自然界一草一木的种子，他时常在心里产生了一个又一个疑问："为什么各种植物会有不同的大小、形状"、"为什么花朵会有各种不同的颜色"、"为什么棉花的棉铃有的狭长，有的短阔"。童年的好奇使他对美妙无比的大自然产生了急于探索的愿望。进了托玛斯的学校后，他对自然科学的热爱有增无减。

托玛斯十分喜爱约翰·孟德尔，不仅仅是因为孟德尔聪明好学，门门功课都是优等，甚至比别人超出很多。根据他对孟德尔的了解，他确认这个孩子有独创的特殊才能，他将来会在自然科学方面创造出奇迹来，将会去探明大自然隐而未显的秘密。他认为，在那所具有二百多年悠久历史的预科学校里，约翰·孟德尔会成长为一名卓越的科学人才，那里有丰富的自然科学藏书和博物馆，优秀的师资和无与伦比的客观条件将会对约翰今后的前途产生决定性的影响。

19 世纪的欧洲，政府和学校都受到教会控制。学校当局只重视拉丁语、法律和历史等课程的学习，认为学习自然科学是不体面的事。而托玛斯却是个热心于自然科学的人，他知道孟德尔从小就聪明过人，勤奋好学，四年就学完了小学的全部课程，一年前是以第一名的成绩考入了自己的这所初级中学的。他很快就注意到了孟德尔是个自然科学的天才，他下定决心要把这孩子送到预科学校，去接受更严格的教育。

经过校长的劝说和约翰的恳求，安东夫妇最后决定，与其把孩子拴在自己的身边，倒不如让他去做自己喜欢做的事情。他们同意了校长的安排，决定将孟德尔送到更高一级的预科学校去读书。小孟德尔高兴得跳了起来，可是他哪里知道，父母的这一决定给他们的家里带来了很大的困难！事实上把儿子送到学费昂贵的预科学校去念书，安东夫妇实在是难以负担。无奈，儿子的宝贵前程就是他们的一切希望。他们想尽了一切办法，省吃俭用只凑够了孟德尔出远门上学的路费，他们根本无法保证每月寄钱去学校供孟德尔吃穿。

在特洛堡大学预科学校学习期间，孟德尔的生活异常艰苦，他没有钱，父母也根本没有钱寄给他，他吃的面包和牛油还是父母托人从家里带过来，他食不果腹，常常遭受饥饿的折磨，但他仍咬紧牙关，靠自己非凡的毅力来努力学习每一门功课。即使这样，他的学习生活也很难维持下去，贫穷的家境总是没有幸运的转机。有一年，他的家乡遭受严重灾害，收成很不好，父母为了供养儿子读书和维持一家人的生活，不得不离家在外服劳役。不幸的是，在劳役中一棵倒下的树干将父亲打倒在地，正压胸部，从此孟德尔的父亲失去了劳动能力。真是上天不睁眼啊！这样，家里再也无法供给孟德尔任何费用上学了。从此，不到十六岁的孟德尔只得自谋生路，依靠给别人当家庭教师的收入来维持学习。

1840 年，孟德尔以优异的成绩从特洛堡大学预科学校毕业。在他的毕业证书上，写着的几门功课都是优秀。但是，穷困潦倒的家庭根本不可能继续供他上学，当时的孟德尔多么想到奥尔米茨大学哲学院继续深造，攻读自己喜爱的自然科学和哲学，但是，他因没有找到家庭教师的职位而失去继续上学的可能。他眼看着其他比自己成绩差的同学一个个走进了大学的殿堂，忧虑、悲伤，加上因饥寒交迫造成的极度虚弱，孟德尔病倒了，在床上整整躺了一年。

1841 年，孟德尔用了妹妹的嫁妆钱进了奥尔米茨大学哲学院继续深造，在这里，孟德尔除了学习自己热爱的自然科学各门基础课外，他还同时学习德国古典哲学。在学习中，孟德尔迷恋上了黑格尔的辩证法思想和康德的宇宙理论。两位先哲的理论对他科学世界观的形成，起了很大的作用。

两年以后，钱又用完了，为生活所困，孟德尔含着眼泪离开了学院。命运迫使他只能走一条路：找一个不必为糊口而日夜操心的职业。

在布尔诺城修道院里，有一个美丽的植物园，这里一年到头草木葱茏，花香四溢。这是一个用科学的方法经营的花园，种有许多珍贵的奇花异草。植物园旁边，还有一个收藏丰富的植物标本室。这两处地方是修道院的神父克拉塞和泰勒两人苦心经营起来的。他们俩都是奥地利有名的植物学家。白天，这里是他们进行花木栽培等科学实验的场所，夜晚，神父们便聚集在这里探讨各种学术和政治问题。

其实，在这座修道院所在的布尔诺城是该地区科学文化的中心，许多神父都是奥地利颇有名气的学者。主教纳帕是大学教授，对哲学、语言学和数学、生物学等都颇有研究。其他神父也都是布尔诺哲学院或是大学预科学校的专职教师。

1843 年 9 月，修道院里新来了一位年轻的见习修士。他身材矮胖，额高嘴阔，一双天真善良的蓝眼睛藏在镜片后面，总是闪烁着好奇、沉思的目光，他就是约翰·孟德尔。被生活所迫放弃学业后，他感到唯有到修道院工作才能保证温饱。他给自己取了个教名叫"格里戈尔"，他下决心在这里度过安贫乐道的一生。当然，孟德尔的内心十分痛苦，因为他不得不放弃自己所酷爱的自然科学和哲学，而整日里去攻读那些枯燥无味的神学，并且清心寡欲地为"上帝"祈祷终生。这年，他只有21岁。可是没过多久，孟德尔就比较适应修道院的生活了，这里的一切远非想像的那么恐怖，他的心情渐渐地放松下来，他发现，在修道院里，他不仅不用为生活奔波，亦能摆脱经济上的困扰，而且同样可以深造。其实，他十分幸运地跨入了另一扇科学院的大门。修道院里丰富的藏书、知识渊博的老师，为他创造了如同奥尔米茨大学哲学院一样的良好环境。他完全可以利用这些条件钻研他喜爱的自然科学。由于从小对生物的特别爱好，修道院中的那座植物园和植物标本室是孟德尔最喜欢的去处。他的大部分时间都是在这里度过的。克拉塞神父也十分喜欢这个虚心好学的年轻人，经常向孟德尔传授植物学和果树栽培学知识，指导他做植物杂交实验。就这样，孟德尔通过名人的指导，再加上自己的勤奋努力，靠自学的方式不遗余力地弥补了自己知识上的不足。

但在另一方面，为了在修道院里生存下去，孟德尔不得不硬着头皮啃那一大堆枯燥晦涩的神学课程，如教义学、教会史、宗教法、神学和伦理学等。四年后，孟德尔修完了修道院规定的神学的全部课程，又经过一年的见习，被正式提升为神父，负责教会医院的传教工作。但是，他最感兴趣的还是修道院里的那个小植物园和标本室，一有空闲，就跑到那里去摆弄花草，搞一些植物杂交实验。

孟德尔是一个做事认真的人，在他所负责的教会医院的传教工作中，他讲解得非常认真、努力，表现出了具有传道、授业的特殊才能。正巧，修道院附近的策涅姆大学预科学校需要一个教物理学和博物学的代理教师。主教纳帕看中了这个思想敏锐、活泼好动、勤学上进的年轻人。一天，主教把孟德尔叫到身边说："年轻人，去传授自然科学知识给学生们，你看怎样？"这正中孟德尔的下怀，他早就想离开这里，换一个工作环境。因为他患有一种轻微的神经质疾病，每当在医院里传教，看到病人的痛苦状时，便会极度恐惧，他非常想换一种事情去做，这样也许更能发挥自己的才能。教师生涯也许能摆脱神学的缠绕，他愿意把自己十分喜爱的自然科学知识传授给学生们。

一般来说，在预科学校当教师，必须受过大学教育并通过教师过关考试，而孟德尔没有任何资格。但他学识渊博，待人谦虚，讲课生动、形象，深受学生们的爱戴。每到节假日，学生们便来到修道院，和孟德尔探讨各种问题。孟德尔带着学生们到植物园，教他们学习植物杂交技术，讲解植物花草的有关生物知识。对每一个学生来说，这位和蔼可亲的教士，既是良师，又是益友。

1850 年夏天，孟德尔来到维也纳大学参加教师转正考试，出乎他的意料，他竟然没有通过这次考试，孟德尔充满自信的眼中流露出了迷惑和不解，但挫折并不能动摇他的意志，他接连参加了两次考试，但都失败了。原来他的富于独创性见解的答卷，超过了主考官们所能理解的水平。他们在孟德尔的自然科学试卷上写着这样的评语："该考生对这门课程的传统知识不够理解，他使用自己的语言，表达自己的观念。"囿于传统知识的圈子内，主考官们当然不能理解这位未来优秀科学家的真知灼见。但是，皇天不负苦心人，英才终究会有人欣赏，维也纳大学的物理学教授、物理学评卷人被他的顽强精神所感动，同时也十分欣赏他的物理天赋。1851 年暑假，他写信给纳帕主教，建议送孟德尔到维也纳大学学习。同年十月，孟德尔来到了这所梦寐以求的高等学府。

维也纳大学的进修，对孟德尔来讲是从天上掉下来的好事，在他的一生中，这段学习生活无疑是最幸福的。在这里，他犹如久旱的禾苗贪婪地吮吸着知识的雨露和养分。作为一个进修生，他的学习时间不像其他学生那么宽裕，他分秒必用，为此，他放弃一切娱乐活动和节假日休息时间。除了必修课外，他还大量阅读最感兴趣的数学、物理学和生物学方面的书籍。就这样，孟德尔仅用了两年时间就学完了一般学生需要用三年多时间才能学完的全部课程。

维也纳大学是欧洲有名的大学，这里集中了一大批优秀的科学家，其中有著名的物理学家——"多普勒效应"的发现者多普勒，著名物理学家、数学家爱汀豪森，欧洲最优秀的植物学家翁格尔等人。孟德尔分别在他们的手下学习和工作过。在他们那里，不仅学到了一个科学家所必须具备的娴熟的实验操作技巧和敏锐的观察能力，而且还在研究方法上得到了训练。比如，爱汀豪森的用数学方法解决自然科学研究问题的思想，为以后孟德尔进行遗传实验时创立独特的数学统计方法提供了强有力的思想基础。

在维也纳深造期间，对孟德尔影响最大的是翁格尔教授。这位进化论的先驱者，经常努力地向自己的学生灌输物种变异与进化的思想。这极大地鼓舞了孟德尔敢于同传统势力作斗争的勇气。翁格尔关于植物杂交与变异的理论也为孟德尔以后形成自己的遗传理论打下了基础。正是在这些名师的熏陶和指导下，孟德尔受到了系统、严格的科学训练，奠定了全面的知识基础，学到了大科学家独特的研究方法，并且获得了在修道院里所不能获知的科学信息，了解了科学发展的状况和突破口。这一切都是他日后作出重大科学发现的潜在因素。在孟德尔的一生中，维也纳大学的进修，是他科学生涯的重大转折。

科学研究的典范

孟德尔以优异的成绩结束了维也纳大学的学习生活。他满载而归地回到了布尔诺后，被聘为布尔诺高等技术学院的助教，教物理学和生物学。那年，他32岁。

在学院里，孟德尔以其自身的优秀品质和渊博的学识很快地博得了教授们的好感。气象学家耐塞尔教授尤其喜欢这个勤奋、厚道的年轻人。他们早已成了好朋友，两人经常在一起切磋交流各自在不同领域里的研究体会。有一天，耐塞尔教授来到修道院，两人在修道院的林荫道上谈着学术界的各种问题。孟德尔把教授带到花园里，去看看教授所关心的他的豌豆实验。

穿过林荫道，绕过五彩缤纷、香气袭人的花圃，他们走进一块狭长的种满了豌豆的园地。这块地约 35 米长，7 米宽。看上去虽然比较贫瘠，但一排排豌豆却长势喜人。孟德尔看见这一串串嫩绿、饱满的豆荚，高兴得合不拢嘴，他把这些豌豆比做他的儿女。孟德尔的做法引起众人的不理解，有人对他进行讥讽，说他行为"反常"，有人说他只不过是为了消遣而已。作为孟德尔的好朋友，耐塞尔也不理解他为什么要这样痴迷，但是，教授相信孟德尔的所作所为，还是很支持他的实验。孟德尔看着教授疑惑的脸，知道他心里想着什么。"我将年复一年地观察这些豌豆的子子孙孙们，通过实验找出植物遗传的规律性。"孟德尔对教授这样说。他毫不理会庸人们的嘲笑。他心中早有定数，要解决植物的形态和花的颜色等根据什么法则传递给后代的问题。

在我们开始进行自然科学研究之际，仅糊里糊涂地做实验是没有意义的。我们首先必须考虑好要解决什么问题，用什么做材料，采取什么样的方法进行实验以及如何处理其结果等。这些都是事先计划好并根据它来开展研究。孟德尔就是出色地处理这些问题的典范。

对于生物性状遗传问题的探讨，孟德尔早就十分关注了。还是在 18 世纪中叶，科学家们就开始进行动植物的杂交实验，当时是围绕"杂交能否产生新种的问题"。到了 18 世纪末期，这个问题解决了，杂交实验的结果打破了神创说者的"物种不变论"。到了 19 世纪，关于动植物的杂交研究又进一步朝两个方向发展：一个方向是园艺学家或植物育种专家为了提高农作物的产量，通过杂交悉心培育优良的新品种；另一个方向则是理论研究，探索生物遗传与变异的奥秘，即生物性状的遗传是否有规律可循？许多生物学家的实验得出同一结论：似乎是有规律可循。但是究竟是什么规律？为什么会产生这种有规律的遗传现象？这些问题成了当时生物学家迫切需要解决的重大课题。孟德尔决定向这个课题发起冲击，进行一种豌豆杂交实验。

孟德尔为什么会选择这个研究课题呢？当然除了他从小对植物和园艺的爱好外，更重要的是，在著名的植物学家翁格尔的指导下，孟德尔懂得确定研究课题的关键是寻找当代科学发展的突破口，解决迫切需要解决的重大课题，才可能得到前人所没有得到的重大发现。

豌豆实验

1856 年春，孟德尔向修道院要了植物园中一块废弃不用的荒地，种植和栽培了豌豆、菜豆、玉米、草莓等，他还饲养了蜜蜂、家鼠等小动物，以便能从中挑选能进行动植物遗传杂交试验的材料。经过反复实践，他确定豌豆是最适宜做杂交实验的。孟德尔从种子商那儿得到了许多品种优良的豌豆，花了两年时间进行选种，从中选出了一系列具有单一性状的优良品系用于实验。他认识到每次实验必须要注意单一性状。例如，种子的性状，而不是整个植株。他选了 22 个性状稳定的品种，又选出了其中 7 对性状可以明显区分的，如黄色和绿色的叶子，高茎和矮茎，光滑种子和皱皮种子，豆荚饱满的和不饱满的等等。他在实验中发现：用于杂交实验的品系的子代的某一特定性状总是类似于亲代。

豌豆是自花授粉进行繁殖的，植株的结构使某一朵花的花粉通常落到同一花朵的柱头上而发生受精作用，这叫自花授粉。然而杂交也比较容易做到。孟德尔打开一花芽，在花粉散落之前就除去雄蕊，从而防止自花授粉，然后他给这朵花授以另一朵花的花粉。在一次实验中，孟德尔用结饱满种子的植株与结皱缩种子的植株进行杂交，由此研究种子性状的遗传。实验结果非常明确：产生饱满种子的植株不管作为父本还是母本，子一代（F_1）杂种植株全部都结出饱满种子。皱缩性状看来是被饱满性状的显性所掩盖了。孟德尔发现他选定研究的七种特征都是这样的情况。在每次试验中，F_1 杂种只出现两个相对性状中的一个，孟德尔把这类性状（饱满种子、黄色豌豆和腋生花等）称为显性性状，而那些在 F_1 杂种不能显现的性状（皱缩种子、绿色豌豆和顶生花等）称为隐性性状。

后来，科学家们发现，一个性状对另一个性状呈显性是常见的，但不是绝对的现象。某些情况下有"不完全显性"，即子一代杂种是两个亲体的中间类型。例如，开深红花的金鱼草植株与开白花的植株杂交，产生的子一代杂种的花都呈粉红色。产生这种结果的原因很简单，因为粉红色花的红色素比深红色花的红色素要少，而白花中则一点红色素也没有。双亲的某个性状都出现在子一代中的例子也很多，这称为"共显性"。例如，一个人从双亲那里继承了 A 型和 B 型血型，从而同时表现出 A 和 B 的血型。A 和 B 两种血型特有的物质（抗原）同时存在于这个人的血液中。

孟德尔种下了子一代杂种结出的种子，等它长成植株后使其自花授粉。在饱满种子和皱缩种子两种植株杂交的子二代植株上结出的同一荚果内同时出现了饱满和皱缩两种种子。他统计了这些种子的数目，其中有 *5474* 颗是饱满的，*1850* 颗是皱缩的，这个比值是 *2.96：1*，非常接近于 *3：1*。于是孟德尔又继续做了其他的杂交实验，结果都得出同样的比值，在每一次试验中，子二代出现的显性性状通常是隐性性状的 *3* 倍。

孟德尔接着准备研究子二代的饱满种子和皱缩种子是否真实遗传的问题。他又在试验地上播种了子二代种子，等长成植株后对它们进行自花授粉。结果，皱缩种子长成的植株自花授粉后只产生皱缩的豌豆。但是，饱满种子的情况则十分不同。尽管从外表上看它们很难区分，但这些饱满种子却有两种类型：其中 *1/3* 的种子，种植后长成的植株只产生饱满种子；其他 *2/3* 长成的植株产生饱满和皱缩的种子，比值为 *3：1*。这说明 *1/3* 的饱满种子（或者说子二代全部种子的 *1/4*），是真实遗传的，其余 *2/3*（或者子二代全部种的一半）像子一代杂种，它们长成的植株结出饱满和皱缩种子的比例为 *3：1*。孟德尔又用其他性状做这个实验，其结果都完全相同。在每个试验中表现出隐性性状的子二代植株是真实遗传的，它们的种子所产生的子三代植株与亲本是完全相同的。但是，表现出显性性状的植株却有两类：*1/3* 是真实遗传的，另外 *2/3* 产生的子三代中，显性和隐性性状的比例为 *3：1*。也就是说，子代性状产生了分离现象，而且这种分离还遵循着一定的规律。

以上所谈到的孟德尔的实验都是涉及单个性状二者择一的表达。如果同时考虑两个性状将会有怎样的结果呢？孟德尔继续用豌豆做他的实验。他用种子饱满而呈黄色的豌豆植株与种子皱缩而呈绿色的植株进行杂交。结果如预期的那样，子一代（F_1 代）的所有豌豆都是饱满和黄色的，再用子一代的植株（都是饱满和黄色的）进行杂交，在子二代即"孙子"代中，出现了令人感兴趣的结果。对他的实验结果，孟德尔曾考虑到有两种可能：第一种可能是来自亲体的性状将一起传递；第二种可能是这些性状将彼此独立地遗传。孟德尔以他特有的洞察力从这些可能的选择中作出了他的预测。如果第一种可能是正确的，即来自亲体的性状一起遗传，那么子二代只有两种种子：饱满－黄色和皱缩－绿色，根据单性状遗传的规律，它们的比例将是 *3：1*。如果第二种可能是正确的，即性状独立遗传，那么将有四种种子：饱满－黄色（两种显性性状）、饱满－绿色（显性－隐性）、皱缩－黄色（隐性－显性）、皱缩－绿色（两种隐性性状），它们的比例将是 *9：3：3：1*，孟德尔从他的实验地中发现他的子二代豌豆确实有四种类型：其中 *314* 颗是饱满－黄色，*108* 颗是饱满－绿色，*101* 颗是皱缩－黄色，*32* 颗是皱缩－绿色。这个结果非常接近他所预计的 *9：3：3：1* 的比例，因此孟德尔断定，植物的不同性状是独立地传递的。

孟德尔在解释他的豌豆实验时，他引用了一个新的生物学概念叫

"因子"，他把生物的相对性状归根于因子所决定，这些因子就是现在所说的基因。这些基因可通过配子从亲代传递给子代。孟德尔在两种性状的各种组合中证实了独立遗传规律。他在亲体同时有三个不同性状的实验中也证实了这个定律，这个实验称为"三因子杂交"。

考虑两棵豌豆植株间进行杂交，其中母体的植株是饱满－黄色－紫花，而父体的植株是皱缩－绿色－白花。那么，他们的子一代杂种就是三基因杂合体，由于显性的作用，它结饱满－黄色种子并开紫花。如果这三对基因自由组合，那么三杂合体植株将以相同的概率产生8种配子，来自两个亲体的8种配子之间随机结合，将有27种遗传性状组成。因为显性的作用，这27种遗传性状组成将减少到8种植株，它们之间预期的比例如下：27 饱－黄－紫；9 饱－黄－白，9 饱－绿－紫；9 皱－黄－紫；3 饱－绿－白，3 皱－黄－白；3 皱－绿－紫；1 皱－绿－白。孟德尔在实验中所得到的数据的比例与这个比例完全相符。

孟德尔花了整整8年的时间，从春到秋，天天都全神贯注，小心翼翼地观察着他的豌豆实验，仔细记录每一代"子孙"的各种特点。此外，孟德尔还做了大量繁琐的工作，据统计在长达8年的实验中，他一共栽培了数以千计的豌豆植株，进行了350次以上的人工授粉，挑选了一万多颗各种性状的种子。

豌豆实验证实了孟德尔所预想的结果。于是治学态度严谨的他又用玉米、菜豆等植株品种做杂交实验，以便确定在豌豆属里发现的遗传规律是否也适用于其他植物品种。直到实践证明，他的结论可以推广到一般品种才肯罢休。

孟德尔遗传规律

1865年2月8日下午，在布尔诺高等技术学院的一座小房子里，正在举行布尔诺自然科学研究会例会。研究会的秘书长耐塞尔教授站起来向大家宣布："今天，将由格里戈尔神父报告他的关于植物杂交试验的新结果。"穿着黑色修士长袍，腋下夹着一叠论文的孟德尔缓步走上讲坛，他那双灰蓝色的眼睛里闪出自信、真诚的目光。

"植物的遗传和变异有两条规律可循。"当孟德尔宣布了这个结论后，全场鸦雀无声，在座的每一个人都把专注的，满怀兴趣的，但又是疑惑的目光投向讲坛。孟德尔顿了顿，继续言辞清晰地讲下去：

第一，当具有成对不同性状的植物杂交时，所生第一代杂种（"儿子"）的性状都只与两个亲体（即杂交的"父"与"母"）中的一个相同，另一个亲体的性状则隐而不显。这是显性定律（也就是现在遗传学上所说的孟德尔第一定律）。如将"儿子"们（杂种第一代）再自相杂交，所生"孙子"（杂种第二代）的性状就不再相同，而会发生"分离"，而且显性性状的个体数与隐性性状的个体数之间的比例是个常数——3：1。这是分离定律（也就是孟德尔第二定律）。

第二，当同时具有两对或两对以上不同性状的植物杂交（如圆粒兼黄色的豌豆杂交皱粒兼绿色的豌豆），所生第一代杂种全是圆粒兼黄色的，而第二代杂种的每一对性状各自按3：1的比例独立分离、互不干扰，也即圆粒黄色的与圆粒绿色的比例是3：1，而皱粒黄色与皱粒绿色的比例也是3：1，这就是独立遗传定律，也叫自由组合定律（即孟德尔第三定律）。

接着，孟德尔款款细述导致这些结论的实验经过，以及对这些结论的理论证明。在座的学者们，包括布尔诺最有名望的生物学家、化学家、植物学家都全神贯注地倾听着，他们完全被这个新奇的理论吸引住了。

报告结束了，学者们向孟德尔鼓掌致意，不是热烈的，而是有礼貌的掌声。没有人提出疑问，也没有人大声叫好，会后也没有举行讨论。显然，孟德尔的理论超越了与会者所能接受的水平。

在孟德尔以前的许多科学家也曾试图解释生物性状是如何遗传的

问题。他们也用植物或动物进行杂交，然后观察子代和亲代的相似性。结果是令人迷惑不解的：子代的一些性状像一个亲体，另一些性状像另一个亲体，再一些性状则显然与哪一个亲体也不相像。找不到明显的规律性。而孟德尔却取得了成功，这应归功于他卓越的洞察力和实验方法。他的定量研究的方法和数量统计能力简直是惊人的，他所采用的遗传学分析法——统计在适当杂交的子代中每一类个体的数目——现代仍在使用。这是 20 世纪 50 年代分子遗传学发现之前惟一的遗传学分析方法。除了这种成功的方法以外，孟德尔之所以成为天才的科学家，还在于他构思创建性理论时表现出的独创性，虽然孟德尔的理论是作为一项假说而提出的，但他阐述得相当完美。

耐塞尔教授早已敏锐地预感到，孟德尔的遗传学理论将来一定会被人们所接受，而且还可能带来一场惊世骇俗的思想革命。在他的热心支持和帮助下，1866 年布尔诺自然学研究会会刊发表了孟德尔的题为《植物杂交实验》的著作。遗憾的是，这部价值非凡的科学著作并没有引起世界科学界的重视，它的绝大多数印本都被丢在图书馆里无人问津。直到 34 年以后，即 1900 年，由荷兰的德弗里斯、德国的科伦斯和奥地利的丘尔马克这三位生物学家，分别在自己的研究中重新发现了孟德尔的遗传定律，才使淹没多年的这个伟大学说走向世界，获得了国际性声誉。当然，孟德尔自己坚信这个理论对生物科学有难以估计的意义。他在晚年曾对他的朋友说："我的时代一定会到来！"

作为优秀的科学遗产，孟德尔的遗传学规律学说已载入了自然科学的史册；作为一个伟大的生物学家，孟德尔"定量"实验研究和统计分析的方法为科学工作者们开辟了一条成功之路。

4. α 散射实验的启迪

原子，作为物质组成的一种主要微粒，在科学技术高度发达的今天，已不再是鲜为人知的外来词。就连其复杂的内部结构，也不是深不可测的未知世界。"原子是由原子核及核外绕核高速运动的电子组成的"，这是众所周知的原子核式结构理论。然而，这一理论的形成绝非某些人的主观臆想，它的形成经历了其自身的发展阶段，凝聚了科学家们的智慧与心血。厄内斯特·卢瑟福在确凿的实验基础上提出了这一原子核式结构理论。

打开原子世界的大门

早在 19 世纪初，科学家们就通过对一系列物理和化学现象的研究，已初步认识到：原子只是在化学反应中保持元素性质不变的最小微粒，而不是在物理结构上不可再分的最小微粒，原子可能有自身的内部结构。那么，原子的构造究竟是怎样的呢？

原子的尺寸太小了，人们还不可能用肉眼对它的内部结构进行直接的观察。人们能够直接捕捉到的一些原子信息，只是一些宏观现象，比如原子光谱、元素周期变化的性质、各种电子现象、天然放射现象等等。在这种情况下，人们要探测原子的内部结构，就需要靠人们依据一定事实的想像，用模型化的方法来探索它。

所谓模型化的方法，就是通过对人们构想出来的某种模型的研究来达到对模型所模拟事物原型的认识的一种研究方法。这种方法是人们在探索未知领域过程中的一种重要手段。模型可以是一种定性的描述，例如利用某种实物或图像，因而具有直观性、形象化的特征；模型也可以作定量的处理，例如，建立某种数学模型，从而深刻揭示出被模拟对象的某些内在的本质联系。模型可以在科学事实和科学理论之间起到桥梁作用。运用模型化的方法不仅可以解释已知现象，而且可以在模型的基础上，建立起新的科学理论，从而预言更多的未知现象。

科学家们在企图打开原子世界的大门，对神秘的原子世界进行探索的时候，正是利用了原子模型这一有利的科学工具。

最早在实验科学的基础上提出原子有内部结构概念的科学家是安培，他认为，化学元素的原子是由更细小的亚原子粒子组成的。他为了解释磁现象，还曾提出过有关分子环电流的假设。在以后的几十年里，科学家们对原子的结构纷纷提出自己的设想。德国科学家费希纳于 1828 年从安培的观点中得到启发，设想每个物体是由一些类似太阳系一样，尺寸很小的原子组成，每一个"太阳"原子都伴随着一些较小的"行星"原子，像天体一样由万有引力联系起来。

后来，韦伯于 1874～1875 年间，又在费希纳模型的基础上作了进一步的改进。他认为重的"太阳"原子和几乎没有重量的"行星"原子都是带电的，因此维系它们的力是电力。但他认为中心的重粒子带负电，围绕它旋转的轻粒子带正电。以上所说的这些模型的最大困难在于，这些组成原子的微粒都是一些假想出来的物质，没有任何实验根据。直到 19 世纪末，电子和天然放射现象被发现后，原子模型的构想才开始建立在经过实验发现的粒子的基础上。

正当德国物理学界沉浸于热辐射问题研究的时候，其他国家的大多数科学家都在 19 世纪末物理学三大发现的鼓舞下，不仅掀起了一股研究各种射线的热潮，而且也为揭示原子结构的奥秘重新设想了各种各样的模型。

开尔芬在 1867 年曾经提出过"涡旋原子"的模型，他在当时科学实验所提供的信息的基础上设想出，原子可能不是一个密不可分的颗粒，而是由一些做涡旋运动的更小微粒组成的。后来，他在 1901 年，又提出了一种新的原子模型，认为原子是由带正电的均匀球体所组成，带负电的电子以独立的形式分布在原子球体内。这些电子在原子内能自由地运动，并受到一个指向原子中心的电力作用。原子球内，正负电荷相同，因此对外表现为中性。当电子离开原子时，可能会以超过光速的速度飞出，这时物体就是放射性的。开尔芬的这个原子模型是有一定的合理成分的。当年居里夫妇从事放射性研究时，主要的依据就是这个原子模型，显然，这种模型是非常成功的。但是，它毕竟还不是一个完美的理想模型，它的成功还具有一定的局限性。利用这种模型，不能解释原子光谱和元素性质的周期性，它也没有对原子的稳定性给予完备的说明，所以，根据历史的发展规律，它必将被新的更科学、更合理的原子模型所取代。

J·J·汤姆逊是第一个用实验的方法证明电子存在的人，他早就认为原子理论中，最关键的问题是对门捷列夫元素周期律的解释。在 1897 年，他发现电子的时候就暗示了束缚在原子中的电子，可能提供了元素周期律，换句话说，元素的周期性可能是由元素的原子中的电子决定的。他的这个预见性的想法，现在已被证实了是何等的正确！

他在设想原子模型的时候，受到了迈耶尔关于磁悬浮体实验的启发，迈耶尔将一些磁针插在木塞里，然后将它们放在一碗水中，这些磁针在碗上方中央一块磁铁所形成的中心磁场的作用下，会形成整齐的稳定排列。汤姆逊把这个实验与电子在原子正电球内的排列联系起来。于是，他着重考虑了漂浮在正电球中的电子数目和它们的排列顺序。为了维持原子的稳定性，他设想电子可能是按一定顺序排列的。经过一定的计算后，他认为当电子数少于 4 个，至少两个时，这些电子有规则地排列在与中心保持等距离的位置上；然而，当它们的数目超过 4 个时，它们就要分布在一些同心圆环或同心球壳上，这些环或壳上的电子数呈周期性排列，电子在自己的平衡位置附近振动。

J·J·汤姆逊的这个模型有一点像西方人吃的那种夹了葡萄干的面包，又像是一只红瓤黑子的西瓜，所以历史上被人们称之为"葡萄干面包"模型或西瓜模型。这个模型的成功之处在于它保持了原子的稳定性并解释了元素的周期性。这个模型在当时众多的关于原子的描述中是最科学、最成功的模型，而且长时间地占据主导地位。但是，它在解释光谱现象和放射性时遇到了很大困难。

就在汤姆逊构思"葡萄干面包"模型的时候，在地球另一侧日本东京大学的科学家长冈半太郎提出了另一种原子模型。

他认为原子是由许多电子围绕一个带正电的重核旋转的体系，就像土星和它的圆环一样。由于这些电子在各自的圆环上振动而发光，在不同圆环上的电子会产生不同的振动方式，具有各自不同的固定振动频率，所以就形成了分立的线光谱。但这样必须假设每个原子都要有许多电子绕核旋转，这就无法对元素的周期性给予解释。他还根据天文学上关于土星环运动稳定性的研究，得出了他的模型中环的运动方程。但他所提出的模型，远不如"葡萄干面包"模型影响大。

在以上所谈到的众多的原子模型中，我们看到了每种模型都有自己的成功之处，但每种模型又都有自己的局限性，它们中还没有一种模型能解释所有的原子所表现出的性质。所以，人们还需要不断地去探索，去寻找那个合理而又科学的原子结构。英国物理学家厄内斯特·卢瑟福，一生为此付出了大量心血，做了大量的科学实验，最后终于发现了确凿的理论根据，建立了迄今为止最科学、最合理的原子核式结构模型。

卢瑟福与他的时代

卢瑟福的祖籍是苏格兰，祖上世代为农民兼手工业者，后来迁移到新西兰。厄内斯特·卢瑟福出生在与他终生结下不解之缘的卡文迪许实验室成立并动工建筑的同一年，即 1871 年。勤劳、奋斗和实干的家庭，使他从小就懂得从实际出发，通过自己的脑和手进行创造性的劳动，才是人生价值的真谛。

卢瑟福童年时生活在一个多子女的大家庭里，贤慧而有教养的母亲把教师之心和母爱倾注在对 12 个孩子的抚养上，她教育孩子们要兄弟姊妹友爱互助，让他们朗读书籍，相互倾听、启发和纠正。有时，她像教师那样把地图挂到墙上，向孩子们讲解国内外地理和时事新闻。

她有一架钢琴，而且弹得很好，优雅的琴声，孩子们的歌声，使卢瑟福经常陶醉于家庭之爱和音乐的享受中。喜欢音乐和朗读后来成了卢瑟福的爱好。但是，天有不测风云，在他13岁时，他的两个弟弟在佩洛鲁斯海峡的一次翻船事故中被淹死，他的父亲在岸边寻找尸体长达几个月之久。从此，家中再也听不到母亲的琴声，母亲长期处于悲痛之中，卢瑟福因此受到很大的刺激，他暗下决心，一定要发愤努力，为家族争光，以分担父母的悲伤和家庭的负担。

卢瑟福在学生时代，以数学好著称。但是，把他首先引向科学研究领域的却是实验家毕克顿教授。毕克顿教授在为他写的1851年大英博览会奖学金证书中写道："从一开始，他就对实验科学展示出不凡的素质，并且在研究工作中表现出高度的创造性和能力……"并进一步介绍卢瑟福的品德说："就个人而言，卢瑟福先生有着如此敦厚的性情和那么愿意帮助其他同学克服困难，也热爱所有曾经同他接触过的人。"

卢瑟福在坝特伯雷学习的4年中，曾多次获得奖励，同时获得了几个学位，并参加了一些学术组织，在各项活动中都表现出积极、主动热情的品格，并任过负责人。在学习期间，为了贴补费用，他曾在中学任过短期代课教师，也做过家庭教师。在大学一年级的年末，他寄住在女房东赖因齐·牛顿家里，她是一个有4个女儿的寡妇，后来卢瑟福与她的长女玛丽·牛顿相爱，并私定终身。卢瑟福是一个对父母、对师长、对朋友和爱人感情始终专注、忠诚的人，他一旦与玛丽·牛顿有了感情，便忠贞不渝，从未对别的女人产生这样的感情。1895年，大英博览会奖学金考试，卢瑟福终于被录取。为了科学上锦绣前程的生涯，他不得不与未婚妻告别，去到当时著名的科研中心——英国剑桥大学三一学院的卡文迪许实验室做研究生。从此，卢瑟福正式走上了神圣的科学研究道路，就是在这条艰苦而又伟大的道路上，他以α射线为武器，成功地打开了原子的大门，建立了原子核式结构理论，写下了科学史上不朽的篇章。

X 射线并不是核现象，但它却是导致核现象的起因，所以在我们了解 α 射线之前，我们的故事从 X 射线的发现讲起。

一提起 X 射线，我们马上会联想到医院里的 X 光室。在那里，医生可以为你透视肺部，看看肺里有没有病；手脚骨折了，医生也要叫你先拍一张 X 光片，看看骨头坏了没有，伤在何处，然后再进行治疗。X 射线除了能诊断疾病之外，在工业、科学研究等领域也发挥了重要的作用。但这 X 射线在 19 世纪初还没有一个人认识它。

在 19 世纪末，许多物理学家在实验室中进行模拟雷电研究时，发现了阴极射线这种物质，当时世界各国的各大实验室都在致力于研究这种射线。在这个世界范围内研究阴极射线的热潮中，德国维尔茨堡大学的校长伦琴也对这个问题发生了兴趣。伦琴是位治学严谨、造诣很深的实验物理学家。1895 年 11 月 8 日傍晚，伦琴在自己的实验室里操作着阴极射线管，他先把阴极射线管用墨黑的厚纸包严，不让一丝光线进入，实验室里漆黑一片，他打开开关。突然，不超过 1 米远的小桌上有一块亚铂氰化钡做成的荧光屏上一闪一闪地发出光来，细心的伦琴没有忽略这一奇异的现象，他想把荧光屏移远一点继续试验，当他拿起荧光屏的时候，不由得毛骨悚然：一个完整的手骨的影子出现在荧光屏上，吓得他浑身冒出了冷汗。当时他还不相信自己的眼睛，这究竟是在做实验还是中了邪魔，当他定神之后，手骨的影子也消失了。伦琴决定反复试验。于是他打开了灯，再仔细检查一下阴极射线管是否包裹好，当一切准备妥当，他又重复做了刚才的实验。啊！奇妙的光线又出现了，手骨影子又出现在荧光屏上，再一次试验成功，说明所发生的现象并非出于偶然，而是确确实实的实验事实。伦琴认识到这光线肯定不是阴极射线，因为阴极射线射程短，现在这射线能穿透过玻璃、黑纸、手，说不定是一种人类未认识的新射线。他越想越兴奋，越想要探索这新射线究竟是什么。

一连几天实验做下来，伦琴感到很累，他真想好好地休息休息，但强烈的探索欲望使他精神倍增，他又继续做起实验来了。他拿了好多东西，如木头、铁块、橡胶等——放在阴极射线管和荧光屏之间，结果那种神奇的射线都把它们穿透了。后来他放上一块铅，又换了一块铂，终于挡住了这种射线。

伦琴的妻子一般不来实验室，但近一时期伦瑟好久没回家，为了弄清楚他究竟在干什么，她决定来探望他。一天夜里，她轻手轻脚地推开了实验室的大门，一看，自己的丈夫正伏在桌子上睡着了，她随手拿了件衣服给他披上，谁知这一披，惊醒了他，他马上站起来拉着妻子的手说："来，给你做一个有趣的实验。"他把妻子的手放到一平台上，打开阴极射线管的电源开关，荧光屏上立即显示出一只手骨的图像，妻子惊奇万分，问："是什么射线有那么大的魔力？"伦琴答道："我也不知道，兴许是一种无名的射线吧！"这时妻子脱口说道："还是个 X！"伦琴听后，心头顿时一亮，连声说："说得好，就叫它 X 射线吧！"从此这被伦琴发现的射线，就一直叫"X 射线"，有时人们为了纪念它的发现者伦琴，也叫它"伦琴射线"。

X 射线的发现轰动了整个世界，当时人们还仅仅把它当做一种游戏工具，后来医学家首先用它来帮助诊断病情，造福于全人类。不仅如此，更重要的是人们对 X 射线的研究，促使发现了天然放射线，揭开了微观物质世界的奥秘，从而打破了物理学的旧观念，激起了人们探索新事物的热情。

伦琴发现了 X 射线，并广泛应用到医疗诊断上，这件事大大激励了物理学家亨利·贝克勒尔，他是研究荧光和磷光的专家。他觉得 X 射线和荧光也许属于同一机理，都是从阴极对面的那一部分管壁发出的。于是，贝克勒尔想试试看，看看荧光物质发荧光的同时，会不会产生穿透力很强的 X 射线。

1896 年 2 月的一天，贝克勒尔开始了他的实验。他取来一瓶荧光物质——黄绿色的硫酸双氧铀钾，这种物质在阳光的照射下会发出荧光，贝克勒尔想知道它们是否会同时发出 X 射线。他仿照伦琴检验 X 射线的方法，把一张底片用黑纸包得严严实实，再把一匙荧光粉倒在纸包上，然后拿到阳光下去晒一会儿。贝克勒尔将荧光粉再倒回到瓶里去，然后拿着一张底片的黑纸包进了暗房，冲洗后发觉底片感光了，它的上面是那匙荧光粉的几何影子。贝克勒尔知道，太阳光和荧光都不能穿透黑纸使底片感光。现在底片已经感光了，这说明荧光粉经太阳照射后确实能发出 X 射线。为了验证这个结果，贝克勒尔准备再做一次实验。可是天公不作美，从 2 月 26 日开始，连续几天阴雨。他只好扫兴地把荧光粉和用黑纸包得严严的照相底片一起放进写字台的抽屉里，等待天晴。关抽屉时他顺手把一串钥匙压在黑纸包上，边上就放着那瓶荧光物质。

　　3 月 1 日天气放晴，贝克勒尔准备着手进行新的实验。细心的他在实验前特地抽出两张底片检查一下，看看是否会漏光。抽查的结果使贝克勒尔大为震惊：两张底片都已曝光，其中一张上还有那把钥匙的影子！这是怎么回事？底片是用黑纸包好后放在抽屉里的，又是连续几天阴雨，根本照不到太阳，那瓶荧光物质也不射出荧光，为什么底片会感光呢？

　　经过仔细的分析，贝克勒尔猜想，可能硫酸双氧铀钾本身会发出一种看不见的射线，这种射线也像 X 射线一样，能穿透黑纸使底片感光。在 3 月 2 日的科学院例会上，贝克勒尔激动地宣布了这个新发现，并声称原先他的推论是不合理的。其实，在日光照射后硫酸双氧铀钾射出的荧光中，并不含有 X 射线。贝克勒尔最初在阳光下做的实验，实际上也是放射性射线使底片感的光，只不过他误以为是 X 射线罢了。

　　3 月 2 日例会后，贝克勒尔又精心设计了一系列实验。他对这种铀盐晶体进行加热、冷冻、研成粉末、溶解在酸里等物理或化学上的加工，他发现只要化合物里含有铀元素，就有这种神奇的贯穿辐射。贝克勒尔还用纯金属铀做试验，发现它所产生的放射性要比硫酸双氧铀钾强三四倍。他把这种放射线称为"铀射线"。在5月18日的科学院例会上，贝克勒尔宣布，铀或铀盐会自发放射出射线（铀射线）。这是一种新的由原子自身产生的射线，这种射线的强度并不因为加热、冷却、粉碎、溶解等物理或化学上的影响而发生变化，换句话说，这种射线非常"我行我素"，不管外界对它施加何种影响，它始终如一地发出射线。贝克勒尔的这一重大发现和伦琴发现的 X 射线一起，敲响了人类迎接原子时代来临的钟声。

伟大的物理学家卢瑟福，有幸处于这样一个激动人心的时代，他被时代的精神鼓舞着，时刻准备投入到这场轰轰烈烈的革命中，去发现更多的未知世界！

"新武器"的发现

α 射线是卢瑟福用以揭开原子内部奥秘的主要的也是关键性的武器。α 射线在卢瑟福的科研生涯中起到了不可低估的作用，与这一核物理学家结下了不解之缘。

α 射线的发现是和放射性的发现紧密相连的。贝克勒尔通过照相底片的感光现象发现了铀能辐射射线，后来玛丽·居里用"放射性"这个词来描述这一现象，并通过繁重而艰巨的劳动，用巧妙的分析方法，又发现了钍、钋、镭等物体也具有放射性。尽管有新的放射性元素陆续被发现，并且开始了实际的应用，那么这些具有放射性的物质所放出的射线具有什么性质呢？

伟大的物理学家卢瑟福在剑桥度过的最后一段日子里，主要的工作是鉴别铀所放射的各种射线究竟是什么，他在此期间进行了一系列的光辉实验。在实验中，卢瑟福注意到铀辐射也会引起空气游离，为了区别 X 射线和铀辐射，他想办法比较它们在穿透能力上的差别。他用铝片对铀辐射的射线进行吸收，在实验过程中，他发现了铀的辐射是复杂的，在它的辐射中至少存在两种不同类型的辐射——一种很容易吸收，另一种穿透力很强。卢瑟福从希腊文的"alphabata"的头几个字母的读法，称之为"alpha"和"bata"射线，读作"阿尔法"和"贝塔"，记作 α 和 β 射线。

继卢瑟福发现了 α 和 β 射线后，1900 年人们发现铀的辐射中还有一种成分，其穿透本领比 β 射线还要强得多，在磁场中不受磁场作用而偏转，这说明这种射线是不带电的，这种辐射成分后来叫做 γ 射线。

α 射线的奥秘

卢瑟福在刚刚发现 α、β 射线的时候，就意识到 α 射线是一种很重要的射线，因为它很容易被物质吸收，当证明了 β 射线是高速的电子流后，卢瑟福便集中精力于搞清 α 射线的本质的研究上。为此，他做了大量的实验，其中关键性的实验有两个：一个是电磁偏转实验，另一个是光谱实验。

卢瑟福在进行了大量的准备工作之后，决定进行一个重要的实验，只有这个实验才能验证组成 α 射线的 α 粒子，以及组成 β 射线的 β 粒子的带电性如何。

那是 1903 年的某一天，卢瑟福当时的实验条件非常艰苦，根本没有什么闪烁荧屏可观察射线的轨迹，更没有什么读数器之类的高级计数仪，当时卢瑟福手里有的只是一只简易的金箔验电器。然而，实验就在这样艰苦的条件下进行着，他让放射性物质铀放出的 α、β 射线经过一个大磁场后，最后到达金箔验电器。在实验中，卢瑟福发现，β 射线在经过磁场后，径迹出现偏转，也就是说 β 射线能被磁场偏斜，但却没有见到 α 射线的径迹变化。但是，从实验的其他现象卢瑟福基本上确定了 α 射线是由快速运动的带正电荷的粒子组成的。那么，为什么 α 射线经过磁场后，它的运动径迹没有发生偏斜呢？卢瑟福仔细地分析了所有的实验结果，最后他想到其原因可能有两种：一种情况是 α 射线是由不带电荷的 α 粒子组成，因为我们很清楚地知道，只有带电粒子在磁场中才能发生偏转，既然 α 射线经过磁场没有发生偏转，就说明它不带电荷；另一种可能是 α 射线是带电荷的，而且它的动能很大，磁场的能量不足以能使它发生偏转。有了这样清晰的思路，卢瑟福便有的放矢地进行下一步的工作了。

卢瑟福让射线从放射源由下向上经过 20 片平行隔板到达验电器，而氢气由上向下通过平行隔板。氢气的作用非常重要，它可以抑制 β 射线和 γ 射线的游离作用，然后加磁场使射线偏转，这时 α 射线经过磁场后偏斜量的百分比与所加磁场的强度成正比例。为了判断 α 射线所带电荷的正负，在隔板上加一块多缝的金属板，遮去空隙的一部分，改变磁场的方向，总可以找到一个位置，使游离截止于更低的磁场，由此来判断 α 射线的电荷的极性。再在相邻隔板上加电压，又可使游离停止，这样，可以得到 α 粒子的速度和荷质比。从实验结果的一些证据分析看，卢瑟福已初步推断出 α 粒子是氦（He）原子。

1906 年，卢瑟福在蒙特利尔西山西北高地买了一块土地，这地方面向山涧湖泊，风景秀丽宜人，他准备在这里建造一所住房，以便长期在麦克吉尔从事他的研究工作。但是，一个新的具有很大吸引力的聘任职务使他无法平静下来。曼彻斯特大学物理教授舒斯特因病退休，辞去了兰沃尔西物理讲座教授职务，学校决定请卢瑟福接任。1907 年 5 月 17 日，卢瑟福先生告别了工作 9 年的蒙特利尔，于 20 日抵达英国，在这里开始走上他的科学新旅程。

卢瑟福在麦克吉尔大学工作的几年中，曾对 α 射线作了大量研究。到了曼彻斯特，他同盖革和马斯登等人愉快地合作，他们自己动手制作计数器，计数器的制作成功给他的研究带来了很大的帮助，使他的实验能够进入到定量的研究阶段。在盖革和马斯登等人的帮助下，使得对 α 粒子的计数，电荷的本质研究取得了突破性的成果。他们用一系列的科学实验雄辩地证实了"α 粒子在失去电荷后就是一个氦原子"。

从 1903 年开始，卢瑟福着手研究 α 射线的本质，直到 1908 年，伟大的实验物理大师从未停止过自己的研究工作，到了曼彻斯特，他在助手们的帮助下又开始了新的重要实验——光谱实验，他要进一步地用光谱分析的方法来确定 α 射线的成分。

他的实验装置主要是一个 α 射线管，管的玻璃壁极薄，只有 0.01 毫米厚，管径约 1.27 毫米，内封装有镭射气。镭射气能够发射 α 粒子，α 粒子可以穿过玻璃壁而射气不能。α 射线管外面套一层玻璃管收集 α 粒子。然后让系统放置两天，等 α 粒子收集足够多后，用水银把 α 粒子通过时形成的气体压缩到放电管中。果然，从放电管得到的光谱显示氦黄线。为了排除怀疑，卢瑟福把原来放镭气的管用氦气充满，在相同的条件下观察放电管的谱线，却找不到氦黄线。这就可以肯定，薄玻璃壁是漏不出氦原子的。这样，卢瑟福用可靠的实验事实证明了 α 粒子是带正电的氦原子。

通过实验，卢瑟福掌握了 α 粒子的本质、性质和作用。α 射线是一种吸收率高、穿透力弱的粒子流，在磁场或电场中不会产生偏斜，卢瑟福称它为"未被一个磁场或电场产生出可鉴别的偏斜的射线"。形成射线的 α 粒子是以很大速度抛射的电荷物质，具有较高的能量，确切地说，α 粒子是带电的氦原子。就是这样，经过繁重而艰巨的劳动，经过长年不懈的努力，卢瑟福对 α 射线的性质得到了全面而准确的了解，并确认 α 射线在放射性中所起的作用是非常重要的。于是，他选择了 α 射线这一关键性的武器来揭开原子的内在奥秘。

在多年的 α 粒子性质的探测实验中，卢瑟福不止一次地发现 α 射线被物质阻滞和散射的问题。在 1904 年 ~ 1905 年的许多实验中，让 α 射线通过不同厚度的空气和金箔后，α 射线的速度会渐渐地慢下来，并且在磁场中的偏斜的曲率半径不是变大而是变小了，而且他还发现了α射线通过空气的谱线较宽并缺乏明显界限。所有这些新出现的问题都不能不引起卢瑟福的思考，他准备做新的实验来解决这些问题。

几年来，卢瑟福和他的助手盖革一直在不停地做着一连串的关于α射线的实验。这次，他们用多层厚为0.0031毫米的铝箔作为α射线的靶，用α射线对它进行轰击，他们边轰击，边渐渐地增加铝箔的厚度，当加到12层时，α射线的速度为无铝箔时的速度 V_0 的0.64倍，这时，α粒子的能量相当于原有能量的41%。他们继续实验，继续研究，结果又发现，当α粒子速度降至 $0.64V_0$ 时，α粒子便停止了使气体离子化，也就是说，α射线的速度为原始速度的0.64倍这个速度值是α射线使气体离子化的临界速度，也是α粒子能够打入原子的最低临界速度。

接着，卢瑟福对盖革说："换一下靶子再试试看。"盖革按着他的指示，用云母将铝箔换下来，然后让射线通过云母，从测量结果他们发现，由于散射，α射线产生了谱带宽度，α射线从它们的径迹约偏斜2°。这就是他们在实验中发现的α射线的小角散射现象。他们断定：将有一些α射线通过大得多的角度偏斜是完全可能的。这样，卢瑟福和他的助手们不但发现了用云母作靶的α射线的小角散射现象，同时也认识到α粒子在临界速度以上时能打入原子内部，并能引起α射线的散射，散射的结果将引起原子内电场的反应。所以，我们可以通过散射的情况和原子内电场的反应来探索原子的内部结构。对解决问题的思考就是这样！卢瑟福和他的助手们信心百倍地工作着，他们断定：较大的散射角完全可能存在，问题就在于能否测量到。

再创奇迹

促使卢瑟福进入α射线大角散射实验的直接原因是盖革在实验中发现了α射线的反常散射现象。

卢瑟福到曼彻斯特大学工作后，在盖革的帮助下，为了计数α粒子，一举研制成功了用盖革的名字命名的计数器，这是盖革与卢瑟福的首次成功的合作。盖革曾于 1906 年在德国埃朗根大学取得哲学博士学位，他的学位论文是关于气体导电方面的。不久，到曼彻斯特后，他与卢瑟福开始了很有成效的合作研究。由于开始时采用的计数器触发管和计数室的长度不合适，云母片和计数室中气体分子使 α 射线产生了散射现象，影响了计数工作。这使他们认识到散射现象的消除对研制计数器十分重要。这就使盖革在计数实验还没完成时，转向 α 射线的散射问题。

于是，盖革又开始了 α 射线的散射实验。在一次实验中，他发现用 α 粒子轰击某原子时，出现"径迹急转弯"，这是 α 射线反常散射的一个征兆。他还发现散射角在很大程度上取决于靶材料的原子量，散射角与材料的厚度和材料的原子量成正比例，与 α 粒子速度成反比。这样，卢瑟福和盖革决定采用原子量大的金再做散射实验。

19 世纪末 20 世纪初，科学家们用于研究放射性的仪器大都很简陋，不外乎就是验电器、平行板电容器和手摇真空泵，像限静电计被认为是最高级的电测仪器。据说，当年金箔、悬丝和火漆就是实验室必备的基本器材。在记录方面，照相术起了很大作用，但是底片记录的是长时间的统计效果，不利于分析。到了 1908 年，开始发明了一种闪烁镜方法，用以观测 α 粒子。

这个闪烁镜实际上是一小块硫化锌屏幕，α 粒子打到它上面，会发出微弱的闪光，实验者用显微镜对准硫化锌屏，一个一个地记数，再移动显微镜的位置，分别读取不同位置的闪烁数，就可以对 α 粒子的分布作出精确统计。闪烁计数法虽然是其他方法所不能比拟的，但是闪烁法要求观测者眼睛始终盯在闪光屏上，全神贯注，一个不漏地记数。在整个实验过程中都要守在暗室中，精神十分紧张。连续工作几个小时，就会头昏眼花，劳累不堪。就是在这样艰苦的条件下，卢瑟福和他的助手们，不顾自己的劳累辛苦，用闪烁读数的方法，靠一个一个计数，作出了发现原子核的伟大贡献。

盖革研究 α 粒子散射的实验本来是用铝箔放在 α 粒子的途中起散射作用的，后来发现金箔的效果更好，就促使他系统地研究起各种不同的物质对 α 射线的散射作用。

有一天，卢瑟福来到他们的实验室，了解他们工作的进展情况，盖革对卢瑟福说："先生，马斯登已经来了一段时间了，是否应该派给他一些工作？"卢瑟福回答说："我也正在想这个问题，这样吧，叫他做一个 α 粒子从金属表面直接反射的实验，去找碰回来的 α 粒子。我可以告诉你结论，不会有碰回来的 α 粒子的，应该很容易用实验证实。"

马斯登在盖革的帮助下，认真地进行观测。他们的装置非常简单，锥形玻璃管内充满镭射气作为 α 射线源，管口用云母片封好，α 粒子可以由此穿出，硫化锌闪烁屏所放的位置只有 α 粒子经反射金属片时才能打到屏上，否则无法直接打到。出乎他们意料的是，当他们把反射金属片放在管口 1 厘米处，竟立即观察到了闪烁。这使盖革和马斯登非常兴奋，他们对卢瑟福说："我们找到了碰回来的 α 粒子！"

这个结果使卢瑟福非常惊讶，因为按照当时一般所接受的汤姆逊模型，正电物质分布于整个原子中，对于能量相当高的 α 粒子而言是相当"松软"，因此不应当产生大角度的偏转。汤姆逊本人也作过估算，在他的模型中，一次的碰撞所能产生的偏转角的数量级仅约 1° ~ 2°。实验的结果确实是绝大多数的 α 粒子仅偏转了 1° ~ 2°，那么对大于 90° 的偏转，甚至碰回头的（偏转 180°）的 α 粒子，又作何解释呢？当时一般所接受的解释是有些 α 粒子经过多次的碰撞，始终往一个方向上偏离，最后造成了大角度的偏离，这种概率是很小的，而在实验上测得大角度偏转的 α 粒子也很少，所以这种解释也大体被接受。但卢瑟福对这种解释很不放心，他让盖革和马斯登继续做精确的定量实验。

1909 年 3 月的一天，盖革和马斯登把镭的衰变物沉淀在一小板上，让它放射的 α 射线经金箔反射到硫化锌荧光屏上。金箔对 α 粒子的阻止力相当于 2 毫米厚的空气时，有一半的入射 α 粒子被反射，当采用 1 平方厘米的铂箔作为反射物时，统计反射 α 粒子的数目，α 源的发射总数可根据镭的衰变物的剂量折算。经过比较，他们得出结论，入射的 α 粒子中，每 8000 个有一个要反射回来。

当盖革和马斯登把这个数字报告给他们的老师时，伟大的实验物理学家卢瑟福先生感到非常惊讶。后来他提到这件事时说："这是我一生中最不可思议的事件。这就像您对着卷烟纸射出一颗 15 英寸的炮弹，却被反弹回来一样不可思议。"但这毕竟是事实，千真万确的事实！不由得卢瑟福不去思考。

多次碰撞理论可以解释小角度散射或偶尔的大角度散射。但卢瑟福做了一下估算，对于盖革他们实验中金箔的厚度而言，每进来 10^{35000} 个 α 粒子，大约会有一个 α 粒子被碰回来，而实验中测得的结果却大约为 8000 个中就有一个被碰回来，这就是说，α 粒子大角度偏转的概率远大于汤姆逊模型所预测的。按照汤姆逊模型，无论是极轻的电子，还是均匀分布的正电荷，都不足以把 α 粒子反弹回去。卢瑟福为此苦思了很长时间，并深深感到 α 粒子的大角散射实验说明汤姆逊的原子模型是错误的，真正的原子需要有一个新的模型。

伟大理论的诞生

1910 年，卢瑟福开始把散射实验事实与新的原子模型联系起来。他想到了被人忽视的土星模型，如果原子中的正电物质是集中在很小的区域内，那么对 α 粒子而言形成较"硬"的散射中心，也许能在一次的碰撞中使 α 粒子产生大角度的偏转。

于是，他设想了一个原子结构模型：原子中有一个体积很小、质量很大、对正电荷有很强偏转能力的核，核外则是一个很大的空间

（相对于原子核直径），核的体积很小，但却几乎集中了原子的全部质量；电子很轻、很小，带负电，它们分布在原子核外的空间里结核运动，原子仿佛是一个小太阳系。

卢瑟福的这一伟大设想震惊了世界。

原子核就这样被发现了，起初人们并没有直接看到它，也没有直接测出核的直径，量出核的质量，判定核的电荷。只是靠了 α 粒子的撞击，从撞击的效果得到了核存在的信息。卢瑟福并没有停留在假想和猜测的水平上，他带领助手们一次又一次地进一步实验，从测量的数据可以准确地推算出核的直径、核的质量和核的电荷。

卢瑟福就是这样，用的是最简陋的设备和直观的方法，却获得了最宝贵的来自微观世界的重要知识。他的核式结构为原子物理学和核物理学的发展奠定了最重要的基础。

第三章

学生物理小试验小制作小发明

1. 鱼往哪里游

在一只玻璃瓶里盛满水，把一张绘有大鲨鱼的画片放在玻璃瓶后面。你把画片一会儿贴近瓶子，一会儿又远离瓶子，就会看到鲨鱼游动的方向改变了：一会儿向左，一会儿向右。

这里盛满水的玻璃瓶相当于一个凸透镜，我们就是运用凸透镜的成像原理改变了鲨鱼游动的方向。

2. 人造彩虹

让一束太阳光线通过一个三棱镜，太阳光就会在墙上产生一条七色彩虹。你也可以做一个类似的实验。

拿一只大碗，盛满清水，把镜子斜放大水碗里，跟水平面成30度角。再用一张黑纸，中间剪一条较窄的长缝，包在手电筒的玻璃上。在黑暗的房间里，把手电筒的光照到镜子上，就会看到天花板上有一条彩带。

这个实验证明了白光中包含许多不同颜色的光，也就是波长不同的光。镜面上的水起着棱镜的作用，因为不同颜色的光，折射程度不同（红光折射得最小，紫光折射得最大），所以出现了不同颜色的彩带。

3. 幻影

把门窗关上，使室内的空气稳定下来。在脸盆的盆底内铺上一层细沙，再在靠近脸盆的细沙上放一些硬纸做的房屋和树木。然后把脸盆放在有火的炉子上，等脸盆里的细沙发烫时，沿着盆沿仔细观察，会看到在对面的盆沿上，有倒悬着的房屋和树木的幻影。

这是光的折射造成的，沙面一薄层密度较小的热空气使光线发生折射，沙漠中会出现"海市蜃楼"也是这个原因。

4. 杯底硬币

将一枚硬币投入装水的玻璃杯。先把头摆正，用双眼看，就会感到硬币处在与它的实际深度不相符的地方。所看到的硬币的水平距离是不是也发生了变化？

如果你用一只眼睛看，情况是不是一样？为什么？

杯底硬币反射出的光线射出水面时，在水和空气的分界上发生折射，折射线偏离原来射出的方向而靠近水面。观察者感觉到的物体位置，是进入双眼的两束光线的交点。因此，你会误认为光线是在比实物高的某一位置发出来。

用一只眼看时，只要方才两眼处于相同高度，情况一样。但是，如果把头向左或向右偏转一个角度进行观察时，则你所感觉到物体的位置，不仅比实际位置高，而且还向你移近了一些。

当你选择某一合适的角度（从水面斜上方）去看装有硬币的玻璃杯时，在水面上可以看到硬币的像。

如用干手紧贴玻璃杯外壁，则水面上的硬币没有什么变化；如果换一只湿手，则像就消失了。

这是怎么一回事？

原来，杯底硬币反射出的光线，一部分在对面的杯壁上发生反射，而其中又有一部分改变方向向上，再在水面发生折射。这样，只要你选择到某一角度去观察硬币，就能在水面上看到硬币的像。

湿手紧贴玻璃杯外壁时，手和杯壁间隙被水填满。因为水的折射率和玻璃近乎相等，所以，硬币的光线几乎全部没有反射，在水面上也就看不到硬币的像，当干燥的手贴杯壁时，对于内部的影响很小，水面上仍有硬币像。

5. 奇妙的光线

把糖块放到盛有很多水的玻璃容器中，不加搅拌，一晖很细的强光束水平地射人容器后，被折向容器底，而后又及底面反射向上，不断地弯曲，最后又水平地射出容器侧壁。

光向来都是直线传播的，为什么会弯曲呢？

原来，糖块放入水里后，一时来不及溶化。容器底部的糖块积得最多，折射率的改变自然也最大。这样，就造成深度不同折射率不等的情况。

细光束进入容器后，据折射定律可知，光线偏折向下，由于折射率随深度变大，故而越往下，光线弯曲得越厉害。当光线抵达底部后，又被反射向上，再次不断地被弯曲，但是弯曲得越来越慢。

6. 手心上的圆孔

把一张纸卷成直径约二三厘米的纸筒，用右手拿纸筒放在右眼上。左手在手心向里，靠近纸筒壁，放在左眼前面。这时候，你睁开双眼向前看，你会发现左手心上出现了一个圆孔！

毫无疑问，你看到的不过是幻想，因为人的两只眼睛一般只能产生一个映像，你用左眼右眼分别看不同的东西时，你的大脑很自然地把两个映像重叠在一起，所以左手上会"出现"一个洞，这也是眼睛会产生错觉的一个例证。

7. 万花筒

用画报纸一层一层地糊个圆筒，在一端固定一块与筒内径大小相等的玻璃再在玻璃外贴一张同样大小的圆纸，中间留一目视圆孔。从圆筒的另一端垂直放入其长度略小于圆筒长度的三块长条玻璃，每条玻璃的长边对接，短边组成一个等边三角形，将它们固定好。再固定一块与筒内径大小相等的玻璃，固定好后放一些碎彩色塑料或彩色纸屑，有彩色碎玻璃更好。最后，在圆筒的最外端固定好一块与筒外径大小相等的毛玻璃，万花筒就做好了。

8. 立体观察器

用铅笔和尺子在一张薄纸板正中画上一个简单的十字框。框边应约长五厘米、宽一厘米多，掏空十字框，留下方纸板。

去掉"十"字框后，将纸板成直角立放在一张画图或照片前。眼睛向下，通过十字开口看图（拍摄的建筑物照片，效果最好），几秒钟后，平面图像变得具有立体感。如果你希望观看立体头像，这自制的观察器就能使你如愿以偿。

9. 有趣的枕头

请你坐在转椅上，用最大的力量抛出一只枕头。枕头向前抛，你的身就会向后退，转椅就会转起来。枕头越重，抛出时用的力越大，转椅旋转得也越快。

这是因为你用力向前抛枕头时，枕头也产生一个力，向你反推过来。这就是牛顿第三定律：作用力与反作用力方向相反、大小相等。火箭在太空飞行，也是因为它飞行时不断喷出大量气体，强大的气流的反作用力推动火箭向前运动。

10. 变形的纸圈

准备一个玩具电动机，一根细铁丝。用一段塑料套管把电动机的轴和铁丝对接上。另外用一条30厘米长，1.5厘米宽的厚纸条粘成一个圈。使铁丝穿过纸圈，并且通过圆心。把纸上端与铁丝固定牢，纸圈上端的小孔要比铁丝直径略大些。纸圈静止时，保持圆形，电动机一转动，纸圈跟着旋起来，这时候可以明显地看到纸图变成椭圆了，转得越快，纸圈就变得越扁。

我们居住的地球，经过几十亿年不停地自转，形成了好在这样一个略呈椭圆形的星球。

11. 听话的铁筒

先用锤子和铁钉在铁筒的顶盖和底面上各钉两个小孔。

剪一根长皮筋，使它交叉穿过四个孔，将皮筋的两端收头打结。

然后，将小的重物，比如一个铅块或螺丝钉加螺帽，系到皮筋的中心，即皮筋在筒内的交叉处。

重新把筒盖盖好，使铁筒在地上向前滚动。筒内的重物使铁筒的重心下降，于是便将皮筋缠绕起来。当你花在铁筒上的推力消耗完时，缠住的皮筋反绕，铁筒便慢慢地向你滚回来。

皮筋越粗，铁筒返回的速度就越快。

12. 真空萝卜

取一个新鲜水萝卜，用锋利的刀在萝卜中间切开，要求切得很平直。然后在中间挖个浅凹坑，把带有根须的半个萝卜的切面，按在盘子的中心位置，然后慢慢地提起萝卜，盘也会跟着萝卜被提起来。因为萝卜和盘子接触面有一层很薄的水，萝卜提起来时，在萝卜的凹坑处形成了近似真空的状态，这时大气的压力就会把盘子托住了。在工厂里经常用真空吸盘来送材料，搬运零件。

13. 跳舞的乒乓球

口对口地平拿着两个玻璃杯，两个杯子的距离不能太大。在一个玻璃杯里，放一只乒乓球，用嘴往这两个玻璃杯的中间用力吹气，你会发现，吹一下，球就会从原来的玻璃杯里跳到另一个杯里，再吹一下，球又跳回原来的玻璃杯中，不断地用力吹气，球就会在两个玻璃杯里不断地跳来跳去。

因为气体的流速越快，它侧面的压力越小，乒乓球就是被你吹出的气流"吸"得跳来跳去的。

14. 激流中的小球

拿一只乒乓球，放在水龙头下边的地面上。打开水龙头，让水形成一股均匀的细流；调节小球位置，使它正好处在水柱正中。这时候，球不会被冲走，只在原地滚地。这是因为水流使附近空气的流动速度加快，根据伯努利定理，气流加速，空气的压力就会减弱。这样，它周围的空气压力相对比较大。大气压力把乒乓球推向压力较小的水流区域，所以小球就在原地滚动。

15. 玩具气枪

把薄壁管子插进一块生土豆片里，土豆就会嵌进管子的一头，把管子堵住。用同样的方法把管子的另一头也堵住，这就成了一支土豆气枪。用木棍或铅笔把一头的土豆慢慢地往管子里推。注意，这时一定要推得准确，要敏捷。预备——射击！"啪"的一声，另一块土豆就像子弹一样向目标射去。

因为管子两端的土豆片把管里的空气密封起来了，当一块土豆被快速推向另一端时，管里会产生较大的气压，把另一端的土豆射出去。

其实不用土豆，用浸湿的废报纸团代替土豆，也可以玩这种游戏。

16. 巧取硬币

在一张辅有台布的桌子上，倒扣一只玻璃杯，杯的边缘用两枚平放的五分硬币垫起来，杯于中间放一枚一分硬币，你能够既不触到玻璃杯，又不触到五分硬币，把那枚一分的硬币从玻璃杯下面取出来吗？

用手指甲在靠近杯口处向你自己的方向刮桌布，注意那硬币，它会缓慢地向你"爬"来，不一会儿就从杯中底下顺顺当当地"爬"出来了。

这是由于你每刮一次台布，就把台布向前拉一点，硬币也就向前移动一点。手指抬起时，台布的弹性使台布很快缩回去，由于惯性作用，硬币却停留在移动后的地方。这样多次刮动台布，硬币就"爬"出来了。

17. 烟圈炮

找一个硬纸筒，把两个口用牛皮纸封住，牛皮纸要尽量绷紧。在一端的牛皮纸当中剪一个直径约一厘米左右的圆孔。这个纸筒就算是炮身。要放烟圈，就得要有烟，这只得请一位会抽烟的人从小圆孔中吹进几口浓烟。把炮放平，用手指一下一下地弹纸筒的底面，就会看见一个个美丽的烟圈从圆孔里飞出来。即使没有烟，用同样的方法弹筒底，也能产生看不见的气浪。如果炮口对得很准，一个气浪就能把十几厘米远的蜡烛火焰扑灭。

因为弹击筒底时，纸筒里的空气受到压缩就从小孔中喷出，形成一个气浪，这种气浪的速度和力量都比较大，足以把烛焰扑灭。

18. 哪个先落地？

找两张报纸，把其中一张揉成一团拿在左手，另一张保持原样拿在右手，然后一齐举过头顶，并同时放手。这时你可以看到揉成团的报纸很快地落到地上，而平展的报纸慢慢地飘落下来。

空气对运动着的物体有阻力，物体的面积越大，受到空气的阻力越大，所以平展的报纸比揉成团的报纸下落得慢。汽车、火车、飞机的外形都做成流线型，目的也就是减少空气阻力。

19. 巧断铁丝

取两根长约 15 厘米的木条，中间用铰链连接。在木条两端钉上两只钉子，并用金属片挡在木条的两端。把细铁丝绕紧在钉子上。绕过金属片绕到另一端的钉子上，同样绕紧，并使两根木条成 150 度夹角。这时，只要用一个手指在人字形木条的中间处往下一按，铁丝就能被绷断。

如果两根木条的夹角很大（接近 175 度左右），根据力可以分解与合成的原理，在两根木条交接处施加一个垂直向下的力，就可以使细铁丝受到比这个力大六七倍的力，从而使细铁丝绷断。

20. 难舍难分

找两本比较厚的书，把它们的书页页对页对插起来，对插的书页越多越好。然后请一位同学用双手抓住一本书，你也用双手抓住另一本书。现在你们用力拉吧，你们会发现，这两本书很难被拉开。

这是由于书页与书页之间存在着摩擦力，虽然这种摩擦力并不大，但是由于对插起来的书页很多，这些书页之间存在的摩擦力加起来就形成了一个非常大的力了。

21. 筋斗大王

找几个大小不同的钢珠和几张包香烟的铝箔纸。先把铝箔纸放在水中浸泡片刻。用手搓掉铝箔后面的衬纸。把铝箔剪成长方形，按钢珠大小卷成圆筒，把两头捏紧，使里面的钢珠不会找几个大不不同的钢珠和几张包香烟的铝箔纸。先把铝箔纸放在水中浸泡片刻，用手搓掉铝箔后面的衬纸。把铝箔剪成长方形，按钢珠大小卷成圆筒，把两头捏紧，使里面的钢珠不会掉出来，然后放在纸盒中摇动一二十下，圆筒的两头就成了圆的了。这时把它们放在粗糙的斜面上，它们就会不断地向下翻筋斗。有几个大小不同的"筋斗王"一起翻筋斗，更是有趣。

因为钢珠和铝箔的摩擦力很小，而铝箔和粗糙斜面的摩擦力较大，"筋斗大王"从高处向下翻滚的时候，钢珠在铝箔壳内由高处迅速落到低端，和铝箔外壳一起滚动半圈后，钢珠又处在高处，所以就不断地翻起筋斗来了。

22. 奇怪的漏斗

用胶布或胶带把两个漏斗的大口相对粘住，做一个硬纸"桥"，要求"桥"的中间高于两端，但高低之差要小于漏斗大口的半径。"桥"中间最高处的宽处要小于漏斗两个颈部之间距离。

把这对漏斗放在"桥"的一头，它会滚向"桥"的顶部。

对"桥"来说，漏斗好像是在向上滚动。实际上，漏斗上对桌面来说，它的重心是向下降。

23. 空气压缩器

将玻璃瓶放在一盆水中，瓶底向上，立好瓶子以前让其进水，而皮管的一头则伸到瓶中。

向皮管吹气，你会看到瓶中的水位因你用力吹入空气而下降。放开管口时，你会听到空气逸出时发出的噬噬声，同时还会看到瓶中的水位再次上升。

也许你会觉得奇怪，为什么向瓶内吹进了许多空气，而水位下降下多？那是因为，在密闭的空间，空气是被压缩了的。

24. 摩擦生电

把一张干燥的报纸铺在塑料贴面或有玻璃板的桌面上，用一小块的确良织物用力地在报纸上摩擦半分钟，使报纸带上大量电荷。把一块食品罐头上的圆铁片放在报纸中央，然后用双手把报纸提起来。这时，不论是谁，只是用手指很快地接近圆铁片，在指尖和圆铁片之间就会产生一个美妙的火花。改用尼龙布和羊毛织物做同样的试验，可以比较出哪种物质能使报纸积累更多的电荷。

在干燥的天空里，用一张烘烤过的干报纸来做这个试验，效果最好。甚至可以产生三厘米左右长的火花。

25. 特殊的电池

找一些各式水果，如桔子、苹果、梨子等等，再弄来两根套有外皮的导线（非裸线），一个灵敏度高，适于较小电压的电流计或安培表。

请问，你有什么办法让水果产生电流？

如何测知证实？生物电池很早就为人们熟知，有人拿它来制造手表，有人认为它是一种清洁的、有利于环保的能源。

土豆以及其他一些蔬菜也能做成一个小小电池。那两根导线上应该各自绑上一小片铜棒及锌棒，将它们同时插入同一样水果蔬菜中，一般都能产生微弱的电流。

大家可以捉几只蚂蚁蜻蜓之类的小动物，用那两根导线触击它们，看看有何反应。如果导线上产生了电压，小动物又会怎样呢？

再请大家想一想，导线上还可以系些什么小片以产生电流？究竟哪一根导线的端头应该算正极，哪一根算负极？

26. 以声消声

找两只蜂鸣器，缚在一根长约两三米的竹竿两头。在离竹竿重心相等的两点系两根细绳，把它吊起来，并且绞紧细绳，让蜂鸣器发声后，放开细绳，竹竿就会转动起来。如果我们站在旁边，就能感觉到蜂鸣器的响声时高时低。

这是因为声波会叠加。两只蜂鸣器发出的声波传到我们耳朵的时间有先有后，如果一个声波的波峰到达你站的地方时，正好另一个声波的波谷也到达这里，它们就会互相抵消或削弱，这时候响声就低。

运用"以声消声"的原理可以削弱噪音。

27. 水笛

这是一种乐器，实际上是一种简化了的竖笛。在奶瓶里倒上一瓶水，然后插进一根较粗的玻璃管，把嘴缩成 O 形靠在玻璃管口沿水平方向吹气，如果吹的方法正确，就能吹出声音。吹气时把奶瓶上下移动，可以改变音调，奶瓶抬得越高，玻璃管进水就越多，音调也就越高。

当气流冲击玻璃管口时，管口空气产生振动就发出声音。音调的高低由玻璃里空气的体积决定，体积越小，音调越高。

28. 打电话

找两部电话机，以及一位实验伙伴。你和他（她）分处两端。然后，你拨对方的电话号码，待接通后，依声音由小至大地说话，问对方自己究竟说了些什么，清不清楚。

你会发现，当你扯破嗓子大声喊叫时，对方反而听不清楚，这是怎么一回事呢？

常见的电话话筒内有一片振动膜，膜上有一颗颗能导电的碳粒。当发话人音调太高时，振动膜振动很快，不能较好地随着声波的振动传送信号。这样，听话人听到的声音就会失真，就不容易听清楚了。

29. 锯条琴

断了的废钢锯条是容易得到的，可以用它做一个锯条琴。

收集一些废锯条，像琴键一样从左到右、由长到短弹动锯条，锯条产生振动，不同长短的锯条会产生不同音调的声音。长锯条的音调比较低，短锯条的音调比较高。还可以依口琴的音调为标准，来校正锯条的长短，使锯条的音调和口琴的音调一致。这样，就成为一台可以演奏的锯条琴了。

30. 气球传声

取一只大小适当的气球，把它吹大到直径 25 厘米左右。用细绳把气球吊在竹竿上，并使细绳能在竹竿上移动。在竹竿的一边挂一个闹钟，让闹钟的正面对着气球一边的中心。你站在气球的另一边，距离应当是使你正好听不清闹钟的"滴答"声。移动气球位置，或调整你所站的位置，原来听不清楚的声音突然变得清楚了。这是球内的气体把声音会聚到你耳边的缘故，只要把比空气密度大的气体充入气球，都能起到这种作用。我们这只气球里充入的就是你吹出来的二氧化碳气体。

31． 找磁铁棒

选两根完全相同的小铁棒（缝衣针也可以），其中一根在强磁铁的一个极上擦几下，使小铁棒也带磁性。另一根则没有磁性。对于这样两根外表一样的小铁棒，你能不借用其他东西的帮助，把那根带磁性的小铁棒找出来吗？

办法是有的，拿一根小铁棒的一端去接触另一根小铁棒的中间。如果端部吸引另一根小铁棒，那么你拿着的那一根是有磁性的。如果互相不吸引，那么你拿着的那根是没有磁性的。因为任何磁铁的磁性都集中在靠两端的地方，而中间几乎没有磁性。

32． 转动的铅笔

把一支铅笔放在地毯上。你能不用手触及铅笔，而使铅笔按一定方向转动吗？其实这很容易，只要光着脚在地毯上路几下（只有在干燥的日子才有效），然后伸出一只手指去接近铅笔，铅笔就会跟着你的手指转动。因为你用脚在地毯上摩擦的时候产生了静电，因而手指上也带上了静电荷，静电吸引使铅笔转动。

33. 磁画

在一块书本大小的硬纸板上，画上一个脸谱，然后把细导线沿着脸谱的轮廓布设在上面，并用透明胶纸把它粘住，不使它松动；再用一块同样大小的薄硬纸板，合在上面，用胶纸把两张纸粘牢。在薄纸上面撒上细铁屑，把细导线的一端串联一个 2~3 欧姆的电阻后和电池的一个极相接，导线的另一端和电池的另一个极相接。轻轻地敲打硬纸板，纸板上就会魔术般地出现一张人脸。如果你能把导线和电池隐藏起来，并用隐蔽的开关控制电流，那就能让观看的人目瞪口呆。

这是因为电流通过导线时会在导线周围产生电磁场。当你敲下硬纸板时，靠近导线的细铁屑受磁场作用而聚集起来，形成画像。

34. 有趣的"啄木鸟"

在一根金属棒（或铅丝）上松松地穿上一个小木杯，在木杯上安一个弹簧，弹簧的另一端固定一只"啄木鸟"。金属棒的顶部固定一个小球，底端固定在一个较重的木座或金属座上。用手拨一下"啄木鸟"，让它作上下摆动，这时，木杯的倾斜度会改变，小木环连同"啄木鸟"靠自身的重力，会沿着金属棒徐徐下落，并会引起"啄木鸟"作上下振动，真像"啄木鸟"在啄着树干，非常有趣。

35. 米花的舞蹈

在衣架上系 10 来条细线，间隔约 5 毫米，在每根线的另一端挂一粒爆米花，把衣架挂起来。找 1 根弹性较好的橡皮筋，用嘴咬住一起，用左手拉紧另一端，靠近米花的下部，用右手指去拨动橡皮筋。由于橡皮筋的中部振动最强，所以中间的一些米花首先摆起来。橡皮筋振动得越剧烈，米花摆动越大；橡皮筋停止振动，米花也就停止摆动。

由于橡皮筋振动，引起周围空气的振动，就使米花摆动起来。这个游戏也可以用来说明声音是怎样传播的，若这种振动的频率在 200 ~ 20000 赫兹之间，传到人耳的鼓膜上，就听到了声音。

36. 静电喷泉

在桌子上面放一块塑料板，板上再放一只装满水的白铁皮桶。取一根尖嘴玻璃管（尖嘴直径约 0.3 毫米），平的一端插入橡皮管中；将橡皮管灌满水后，橡皮管的另一头放入白铁皮桶内的水中，利用虹吸现象，一股水流即从玻璃尖分中射出。

再用导线将白铁皮桶连接到感应起电机的一个电极上。接着，摇动感应起电动。这时就可以看到从玻璃管的尖嘴外射出一股美丽的"喷泉"——"静电喷泉"。这时，如用灯光照射，效果会更好。如果你不停地摇动感应起电机，并请别人用一支点燃的蜡烛火焰去烧尖嘴前的水流时，"喷泉"顿时消失而又成为一股细水流；当点燃的蜡烛从水流旁移开时，水流就又变成"喷泉"了！

这是怎么一回事呢？原来，由于静电感应，使桶和桶内的水都带上了大量电荷，当水由尖嘴中射出时，由于同性电荷互相排斥，水滴流也会排斥，这样就形成了向四周散开的喷泉。火焰会把空气电离成许多正离子，再与水中的电荷相互中，"静电喷泉"便随之消失。

37. 巧除水垢

水垢对人们是没有好处的。壶里结了水垢，不但盛水少了，烧起来也慢得多；机器的水冷部位结了水垢，热量散不出去，不但会影响产品质量，还可能造成严重事故。

为了清除水垢，人们想出了许多方法，但都有这样或那样的缺点，并且是消极被动的，不能彻底解决问题，而利用静电效应却能从根本上防止水垢形成。

这是什么道理？

首先，咱们得搞清为何水垢会结在壶底呢？水垢是由钙、镁的碳酸盐、硫酸盐和硅酸盐相互作用形成的。这些盐类在水中分解成负离子，被底部的金属壁吸收。因为正负相吸，故而不能剔除。

如果我们用静电捆住正负离子的手脚，便不会有水垢了。

至于如何产生静电场，请大家想一想。有什么办法？请动手试一试。

38. 铅笔比重计

如果能做一个简易比重计，使你在做实验时能准确区分各种比重的溶液，那该多好！

找一支橡皮头铅笔，把图钉按入橡皮头的正中，浸入水里，在铅笔静止的位置刻一道线，作为水的比重的标记。在这以下的位置，刻上间隔相等的细线，分别标上 0、1、2、3……这样，一支铅笔比重计就做好了。把这支铅笔比重计浸入盐水，这时候刻度会大于 0，盐水越浓，库数越大。

铅笔比重计是利用液体比重越大浮力也就越大的道理制成的。图钉的作用是为了降低铅笔的重心，使它能够垂直地浮在液体中。

39. 水下炸弹

在水杯里放入一个小纸盒（包），会噼噼啪啪炸出很多水花来。

下面我们来做一下这个实验。所需材料和工具：跳跳糖、薄纸、玻璃杯、清水。

制作方法如下：准备一包跳跳糖，用薄纸一小块，在铅笔上卷一个小纸筒，不用浆糊粘，将底边多出的部分向内折叠压紧，把纸筒从铅笔杆上拔下来，作成一个圆筒形无盖有底的小纸盒，把跳跳糖的颗粒倒入纸盒里，将上口收拢捏一下，不必捏得太紧。倒一杯清水，最好用无条纹的平面玻璃杯。将装有跳跳糖的小纸盒投入水中，用铅笔压一下让它下沉，当水渗透到薄纸包里接触了跳跳糖就会发生"爆炸"，水花四溅还发出噼噼啪啪的小声响，看上去非常有趣。

跳跳糖着水后会有强大的吸水性，在吸水过程中自身迅速分裂，好像跳起来一样，用纸包住它，再让它渗透水分，就控制了吸水过程，加大它的爆发力量。以它的跳动力量再去冲击水，便会产生水花溅起的现象。

40. 旋转的纸杯

利用一只盛冰淇淋的纸杯和盖子，再找一根 8 厘米长的蜡纸吸管做成两个喷嘴。在纸杯上半高度处，对称地开两个小孔，然后把蜡纸吸管斜插在小孔里，并用蜡把喷嘴固牢，把纸杯放在塑料碟子上，让碟子漂浮在一只盛水的脸盆里。

然后，在纸杯里先加 *1/3* 的水，再放进一小块石灰，立即把纸盖盖严。石灰遇水产生大量二氧化碳气体，急速地从两个喷嘴喷出，使纸杯欢快地旋转。

纸杯中的气体通过喷嘴向外喷的时候，气体对纸杯产生反作用力，从而使纸杯转动。

41. 神奇的喷泉

在两个大烧瓶的橡皮塞上各打两个小孔，一把一个长管玻璃漏斗穿过一个孔并接近瓶底（漏斗下接皮管也可以），瓶里盛一些水。把一根尖嘴玻璃管插进另一个盛满水的大烧瓶。两个塞子的另两个小孔各插一短玻璃管，相互用皮管连接，接口处必须密封好，只要往漏斗里灌水，尖嘴玻璃管就喷水。漏斗内的水漏完时，那边的喷泉也停止。如果把喷口弯一个角度，使喷出的水正好喷入漏斗，喷泉就能持续进下去。

原来，漏斗里的水进入烧瓶后，瓶内的空气受压，因为两瓶是相通的。另一瓶的气压也相应增大，于是就把水从尖嘴压出，形成喷泉。

42. 微型潜水器

科学家探索海洋深处的秘密，靠的是潜水器。虽然一些潜水器带有压缩空气瓶，但通常还要通过泵从地面往下输送空气。

我们有可能利用一个倒置的杯子来构成一微型潜水器。

首先，将手帕搓成一个球，紧紧塞进杯底，杯子颠倒过来后，要使手帕不至于掉出来。将杯子垂直放入水中，用手按住，以免杯子往上翻。

从水中取出杯子，整理好手帕。手帕竟一点也没有被水浸湿。原来奥妙在于杯子在放进水时，留在杯中的空气将水阻住，使它不能完全进入杯里。

43. 卫生球跳舞

在一只玻璃杯中充水到将满时，加入两匙醋和 $6 \sim 10$ 片小苏打，溶解后，放入几粒卫生球。把杯子放在一个安全的地方。过一两个小时后再看看，奇怪的事情发生了，这些卫生球在杯中上下舞动。仔细看那些卫生球，在它们表面附着很多小气泡。

因为卫生球稍重些，所以通常没入水底。小苏打和醋作用产生出二氧化碳气体，在水中形成许多小气泡，附着在卫生球表面时就使卫生球升到水面，这时一部分气泡破裂了，于是卫生球又往下沉，直到附着上足够的气泡才会重新升起来。

44. 听话的火柴

在一只脸盆里倒上水，在水面上放几根火柴或小木片，拿一块糖接触水面中心，有趣的现象就发生了：糖块附近干火柴或小木片立刻聚集到糖的周围。如果拿块肥皂接触水面中心，火柴就会立刻向四周散开。

这是因为糖溶于水后，水的表面张力突然增大，于是火柴便向着表面张力大的方向移动；当肥皂溶于水后，这部分肥皂水的表面张力突然减小，于是就出现了相反的情况。

45. 水上浮字

这是一项小的表演项目，在一个白色水盆里能浮起各种毛笔字。

本实验需要的材料和工具：白色脸盆、清水、毛笔、墨汁、竹板、大葱。

制作方法如下：准备一块竹板，把竹皮表面打磨光洁，把大葱撕开，用葱白有葱汁的部分在竹板的光洁面来回擦几次，将葱汁涂在竹板表面，稍干后用毛笔蘸浓墨汁在涂有葱汁的竹板处写字，写什么字都可以，稍干一会儿以后，把竹板平按入水中，按竹板时慢些，不要带起水波纹，然后慢慢地把竹板从中斜向抽出来，黑字便一一漂浮在水面上，不散不乱。

之所以如此，是因为葱汁有粘性，在竹板上形成一层薄膜，能托住毛笔字浮在水面上。

46. 水面绘画

利用水面的浮力可以画出"抽象派"画面。下面我们来做这个实验。

材料和工具有：水盆、清水、浓墨汁、毛笔、小木棍、白纸。

制作方法如下：将水盆盛满清水，平放在桌上，用毛笔蘸浓墨汁滴在水面上，用小木棍将墨滴推开，让墨滴散乱成不规则的乱云形花纹，取一张白纸平放在水面上，再轻轻提出纸张，水面上的花纹画面就会翻印到纸上，晾干印好的纸张，再精心剪裁一下四边，就能出现类似山脉、云层等"抽象"画面。

之所以如此，是因为水面平时总会有一层肉眼看不到的表面油脂，它可以把墨迹托起来，形成水平面印刷板，如果用油漆倒在水面上搅拌还可以在木板上印出假大理石花纹来。

47. 简易的温度计

温度计之所以能测量温度，靠的是流体遇热时膨胀，遇冷时收缩的原理。大多数温度计利用水银来显示温度。我们用水来做一个简单的温度计。

在瓶中倒一杯水，并将瓶子放入盆中。在软木塞上钻一个孔，将玻璃管从中穿过。将软木塞紧紧盖住瓶口，玻璃管的一端应伸入瓶内水面以下。

接着，将热水淋到瓶子上。这样瓶中的水受热而在玻璃管中上升，再向瓶子倾倒冷水，于是水便在你自制的温度计内往下降落。

48. 涨水

在洗脸盆里盛一点水，拿一只玻璃杯倒扣在水里，杯内杯外的水面分不出高低，都一样平。现在，采用两个简单办法，就可以使杯内的水面拔高一截。

拿一块沾过热水的毛巾，裹在璃璃杯上，过一会，就会看到有气泡溢出水面，等气泡不再外溢，把热毛巾拿走。过一会，杯内的水面就会上升，也就是被拔高了。还有一个办法，用瓶子夹着一小团棉花，沾一点酒精，把酒精点燃，用另一只手倒拿下玻璃杯，用点燃的棉球，烘一烘杯内的空气，再迅速地把杯子倒扣在清水里，杯内的水面也会拔高。

这两种办法都是先把玻璃杯内的空气加热，使杯内空气膨胀密度变小。这时将杯子扣在水中，等到杯子冷却以后，杯内空气的温度降低，杯内空气的压强缩小，在杯外大气压强的作用下，杯内的水面就要升高。

49. 安全灯

把一小块铁窗纱放在蜡烛的火焰上。你会马上看到，火焰只在窗纱的网眼下面摇晃，绝不会透过网眼去。把窗纱抬高一点，或降低一点，火焰总是被"压"在窗纱下面。动手做做这个实验。

实验原理如下：

窗纱是铁的，铁的传热性能很好，放在蜡烛的火焰上，火焰的热很快被传走，使得窗纱上面的蜡烛蒸气达不到可以燃烧的温度，火就熄灭了。

在电池发明以前，矿工下井挖煤都是点普通的油灯照明，但很容易点燃坑道中的煤气，发生瓦斯爆炸事故。后来，人们在灯的外面罩一个金属网罩，照明灯的火焰也就再也不会冒出罩外，不能点燃外面的瓦斯气体。这种灯叫做安全灯。

50. 切不开的冰块

在一根长约二十厘米的细金线的两端，各缚一支铅笔。拿一块冰，放在一只瓶子或一块木头的顶上，然后用双手拿着铅笔，把金属丝放在冰的中间，再用力向下压，切割冰块大约一分钟后，金属丝会全部通过冰块。但是冰块仍旧是完整的，好像没有被切割过一样。

这是为什么呢？原来，金属丝的压力使和它接触的那部分冰融化，这部分冰在融化过程中必须从它周围的冰块中吸一收热量。当金属丝

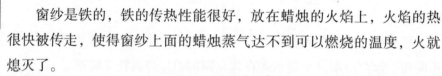

通过后，由于周围的冰温度仍旧比较低，所以切割时化成的水又重新结成冰了。

51. 铁丝伸长

找一根粗铁丝，把它的两头分别搁在砖上。在铁丝的一头垫一块玻璃，在玻璃和铁丝之间，放一枚大头针或缝衣针，针尖穿过一片狭长硬纸条。铁丝的另一头用硬物顶住，上面再压上重物。用蜡烛加热铁丝的中间部分，过一会儿，你就看到穿在针尖上的硬纸条偏转了；吹熄烛焰，硬纸条会慢慢转向原处。

一般物体（包括固体、液和气体）都具有热胀冷缩的性质。铁丝受热会伸长，于是压在铁丝和玻璃间的小针就带着硬纸条转动了。

52. 冷水"烧"开水

在一个烧瓶里装上水，用酒精灯加热，使水沸腾。拿走酒精灯，烧瓶里的水就停止沸腾。把烧瓶拿下来，用橡皮塞塞紧瓶口，把它倒置在架子上。这时候舀一杯冷水浇烧瓶的底部，你会看到烧瓶里的水又沸腾起来了。

原来，瓶里的水气遇冷凝结后，瓶内的气压减少，水的沸点也就降低了。据科学测定，气压是760毫米水银柱里，水的正常沸点是100℃；气压增加到787.5毫米水银柱时，水的沸点就是101℃。相反，气压减小到528.8毫米水银柱时，水的沸点降为90℃。

53. "小鱼" 吃 "大鱼"

在一个小玻璃杯中倒入清水至杯口 4 毫米处（把它看做"小鱼"）。用一根细杆把一团柔软蓬松的棉花（把它看做"大鱼"）一点一点地放入杯内，压到杯底。只要细心，可以把一团棉花全部放入杯内而不溢出一滴水。

一团棉花的体积看起来相当大，其实，棉花纤维的实际体积很小，其他都是纤维之间的空隙。棉花浸入水中以后，大量的水都进入棉花纤维之间的空隙中去了，所以不溢出。

54. 水喷泉演示装置

实验原理

改变两个相互连通的环境之间的压强，使其压强差具备使液体上升 h 厘米高度的条件，即：$\triangle P = P$（环境 a）$- P$（环境 b）$= gh$，因此，可以向一个密闭容器加压形成高压喷泉，也可以在一个密闭容器内减压形成低压喷泉。

在日常生活中，我们经常看到由于大气压强存在而产生的喷泉现象。如高压喷泉：公园里的喷水池，消防用的泡沫灭火器等；如低压喷泉：移液管移取液体，抽水机抽水等。喷泉实验是中学物理实验中比较有趣的实验之一，用来演示大气压强的存在。通常多是在密封的容器中进行，即喷泉演示装置。

实验步骤

产生高压喷泉现象一般是在盛有水的密闭容器内加压，而另一个环境则与大气相通。

（1）制作材料

玻璃瓶两个，100毫升大针筒两个，玻璃导管三根，带尖嘴的玻璃导管一根，橡皮塞三个，针头一个，矿泉水瓶两个。

（2）高压喷泉

①取塑料瓶一个，橡皮塞一个，玻璃导管一根。实验时，用手挤压盛满水的塑料瓶就可以观察到喷泉现象。这是由于用手挤压塑料瓶时，塑料瓶的体积变小，瓶内液体压强增大，使得瓶内液体与外界空气的压强差不为零，瓶内液体的压强大于外界气体的压强，从而将瓶内的水通过玻璃导管压出来产生喷泉现象。

②取透明水槽一个，大的玻璃管一支，橡皮塞一个，玻璃导管一根。实验时，将硬质玻璃管塞有橡皮塞的一端朝下插入盛有清水的透明水槽中，可以观察到玻璃管插入的越深，水喷的越高。这是由于玻璃管插入水中时，其下端将会受到水的压强，上端则受到空气给它的压强。液体的压强会随着深度的不断增大而增大，故玻璃管插入的越深，橡皮塞下端受到水的压强越大。当水与空气之间的压强差大于某特定值时，水将会通过玻璃导管被压出形成喷泉。

以上两种装置分别利用外压、气压、水压使环境 a 与环境 b 的压强之差 $\triangle P = P$（环境 a）$- P$（环境 b）$\geqslant gh$，从而产生了喷泉现象。

（3）低压喷泉

产生低压喷泉现象一般是盛水的容器与大气相通。使密闭容器内产生负压，从而形成低压喷泉。

①取玻璃瓶两个，带孔的橡皮塞一个，玻璃导管两根，100毫升大针筒一个。实验时，用100毫升大针筒抽取玻璃瓶中的空气，导致玻璃瓶内空气压强降低，而开始状态时两玻璃瓶之间的压强大小相等，

故此时将会有压强差产生，当其满足一定条件时水将会通过连接它们的导管被压到密闭的玻璃瓶中形成喷泉。

②取透明水槽一个，*100* 毫升大针筒一个，针头一支。实验时，将针头倒插入针筒中，然后将它们整体插入水槽中，针筒的活塞一端朝上，向上迅速拉动针筒的活塞，可以观察到喷泉现象。

第四章

学生化学小试验小制作小发明

1. 人造小火山

在一只蒸发皿内，用水将烧石膏调成糊状。在另外一只蒸发皿的中央竖起一支试管，把糊状的烧石膏倒在试管的周围，并把石膏堆成小山的形状，当石膏开始干固时，把试管拔出来。等蒸发皿内的石膏干固以后，依然是一座雪白的"小山"。不过，这座"小山"与众不同，它的中间有一个大洞，这就是"火山口"。

这时，应及时地把装糊状石膏的蒸发皿和试管洗净，因为放久了，上面的石膏干固后，不易洗去。

在"小山"中央的洞内装满重铬酸铵固体，再在重铬酸铵固体中插一条浸透酒精的滤纸，把滤纸点着，固体即被引燃（也可以把点着的火柴插到重铬酸铵固体中，把它点着），重铬酸铵固体即分解，从"火山口"发出"嘶嘶"的声音，并喷出红热的三氧化二铬固体。等重铬酸铵固体分解完了后，白色的小山坡上布满了绿色的"岩浆"。

2. 玻棒点火

利用氧可以助燃的原理，我们可以再做一个十分有趣的实验。

取约 1 克高锰酸钾晶体，压碎后放在一块玻璃片上。再取 2~3 滴浓硫酸，滴在高锰酸钾上，把滴有浓硫酸的高锰酸钾均匀地粘在一根玻璃棒的一端。把酒精灯的罩盖取下，用粘有高锰酸钾和浓硫酸的玻璃棒接触灯芯，酒精灯立刻就被点着了。

不用火柴、打火机，只用一个玻璃棒就能把酒精灯点着，真是奇妙！其实，当你知道发生这个现象的道理后，就不会感到奇怪。原来高锰酸钾（实验室制备氧气的一种原料）是一种强氧化剂，它和浓硫酸作用时，能产生氧气并放出热量。酒精又是燃点低、易于挥发的液体，在这些氧气和热量的作用下，足以使酒精燃烧，于是当玻璃棒接触灯芯时，酒精灯便被点着了。

因为高锰酸钾与水作用能释放出初生态的氧，所以医药上用它作杀菌、消毒剂。4% 的溶液可治烫伤。很稀的溶液常用来洗生食的蔬菜和水果，用以灭菌。

3. 巧除铁锈

把草酸溶解在水里，配成 5% 左右的草酸溶液，再把粘了铁锈的床单衣物泡在草酸溶液中搓洗。不一会儿，白床单上的铁锈就被洗掉了。用草酸洗完后，还要多用些水把草酸洗掉，因为草酸是有腐蚀性的，不能让它留在床单上。为什么草酸能除掉铁锈呢？原来草酸能够和铁锈发生综合作用，生成无色的可溶性的 $H_3[Fe(C_2O_4)_3]$，所以可把铁锈除掉。

当然，除掉铁锈可以用其他方法，例如，利用氟化钾或氟化钠与铁锈的反应，把它转变为可溶性的无色的 $K_3[FeFD_6]$ 络合物，然而这两种药品不如草酸好，也不如草酸容易得到。

掌握了除铁锈的方法，不仅能除掉床单上的铁锈，对其他治污铁锈的衣物也是适用的。

4. 自制肥皂

在下面的一个实验中，把食盐（氯化纳）加入肥皂水里，会立刻析出固态皂来，就像是食盐变成了肥皂一样。取一支试管，注入 2～3 毫升清水，放入一块豌豆大的肥皂，用小火加热，使其溶解。冷却后，加入 10 毫升水，再加少许干燥的食盐，用力振荡。随着食盐的溶解，肥皂液开始变混浊，终于呈凝乳状的白色沉淀物析出来。食盐变成了"肥皂"，浮在透明的液体上面。将肥皂取出后就会发现肥皂更洁净了，用来洗手效果一样。

原来这块肥皂并不是食盐变的，而是溶解在水中的那块肥皂又重新析了出来。这主要是因为食盐的溶解度比肥皂（家用肥皂多为硬脂酸钠盐）溶解度大，溶液中钠离子增多了，钠皂的溶解度就逐渐降低，最后终于从溶液中析出，而食盐却仍然留在溶液中，化学上称此过程为盐析作用。浮在上面的沉淀物叫"核"即纯肥皂。"盐析皂"之名即由此而来。

肥皂的种类很多，普通的肥皂叫钠皂。在钠皂中加入香料和染料就成为家庭用的香皂。

在肥皂生产中，可以用盐析法去掉杂质。用苛性钠水解时，所得的粗制凝结物内含甘油、碱及盐，为了除去这些杂质，就需要加足量的水，将粗制皂煮沸成糊状溶液，再加入食盐将其沉淀，如此重复数次，即可除去杂质，又能回收甘油。

5. 怎样制指示剂？

称取白色水珠花 2.25 克，用 40 毫升酒精（水与乙醇比为 1：1）浸渍，得到黄色浸出液，倒入试剂瓶，待用。

水珠花浸渍液在酸性溶液中变无色，在碱性溶液中呈黄色。

取一个约 200 克的红萝卜（或紫萝卜），用水洗净，把萝卜皮小心刨下，放入研体中用力研碎、捣烂，使其成浆状。量取 1~2 毫升酒精倒入其中，使萝卜皮中色素充分溶解，再用 20 毫升蒸馏水加以稀释，并充分搅拌。试在不同 pH 值溶液中，观察变色情况。

其他如月季花、菊花、一串红、百日草、喇叭花、南瓜花、桔皮、紫薯皮等浸出液，在酸、碱溶液中，都显示出不同变色情况，因此均可制成指示剂。

6. 自制豆腐

豆腐是富有营养的副食品，普通粉粹机也已进入家庭，只要稍加工就能自制又白又嫩的豆腐。

【实验用品】

黄豆、内酯、草酸钠、浓硝酸、氨水、家用粉碎机、铝盒、纱布、试管、烧杯、滤纸、玻棒、漏斗、漏斗架

【操作过程】

先是浸黄豆，时间最好要过夜，然后将浸透的黄豆放入家用粉碎机中粉碎成豆浆（或磨成豆浆），同时加入适量水，再次把磨好的浆汁放在多层纱布中挤榨，过滤液就是豆浆，取豆浆放入铝盒（或用后的内酯豆腐硬塑盒）加入内酯，内酯的用量视黄豆而定；一般用量是黄豆的 1/70 即可，隔水蒸煮，都可得豆腐，500 克黄豆可制得豆腐3000 克左右。

取少量制得的豆腐，放入 100 毫升烧杯中用玻璃棒搅拌并捣碎，加入 20 毫升蒸馏水，过滤，得无色澄清的滤液和白色豆腐滤渣。取无色滤液 2 毫升于试管中滴入草酸钠溶液，试管中出现白色沉淀。说明豆腐中有水溶性的钙质。另取白色滤渣，滴几滴浓硝酸，微热，可看到白色滤渣变为黄色。

冷却后，加入过量氨水后黄色转变成橙黄色，证明有蛋白质存在。

【简单原理】

豆浆加入内酯后凝聚，加热蒸煮能促使其形成块状凝聚物——豆

腐。豆腐中钙质有呈离子存在，和草酸钠反应生成白色草酸钙沉淀：

$$Ca^{2+} + 2COO^- = Ca\,(COO)_2\downarrow$$

蛋白质遇浓硝酸微热后呈黄色，是检验蛋白质的一种简单方法，主要是带苯环的氨基酸和浓硝酸发生苯环上的硝化反应，生成黄色硝基化合物。

此实验也可分两个部分：制取和检验，做一部分也可。

7. 蛋上开花

鲜蛋一只，竹片若干，石蜡，5% ~ 10% 的稀硫酸，10% 稀盐酸，蒸发皿，小刀，毛笔，酒精灯，医用针筒和针。

将鲜蛋洗净，用针筒将蛋内蛋清蛋黄均抽取（用敲小洞倒出蛋清、蛋黄方法也可，但要小心），保留完整蛋壳。竹片洗净待用。蛋壳上用铅笔画上花卉或写上字，竹片上可用铅笔画上花卉或写上字，将石蜡放在蒸发皿加热熔化，然后用毛笔在蛋壳上比画和字的范围稍大些涂上一薄层石蜡，干后，按底画（字）用小刀刮去石蜡，滴人稀盐酸，让其作用后，用水冲去，然后在热水中除去石蜡，即可制蛋壳工艺品。要在竹片上刻花刻字，用毛笔（或针筒）蘸取稀硫酸溶液，在竹片上按底画重复画上，晾干后把竹片在酒精灯上烘烤，即可得褐色的字或花。

8. 指纹现形

在手指上涂一层极薄的凡士林或擦手油（注意，只要轻轻一抹就可以了），然后让手指在一张白纸上压一下，你的指纹就会留在这张白纸上。这时，你当然看不出纸上有什么痕迹。

在一支干燥的小试管中加入少量碘片，放在酒精灯上加热，即产生紫色的碘蒸气。让刚才那张按过指纹的白纸与碘蒸气接触，就会在白纸上显现出你的指纹。

如果找不到碘片，也可以用消毒用的碘酒来代替，但是加热的时间要长一些，要等碘酒中的溶剂挥发以后，才能产生碘蒸气，使白纸显现指纹。

做完实验以后，你一定会问，指纹是怎样显现出来的呢？原来当你的手指上涂了一薄层凡士林以后，只在指纹的凸出处抹上油，而在指纹的缝隙中是没有油的。这样，当你的手指压在白纸上以后，纸上一部分吸上了油，而另一部分没有吸油。如果用碘蒸气熏纸，有油的地方是不会吸附碘蒸气的，而没有油的地方则会吸附碘蒸气，于是正好显现出你的指纹。

9. 巧寻二氧化碳

当一颗子弹里的火药或炸药爆炸的时候，猛然释放出大量气体，使爆炸力具有极大的破坏性。那么，子弹还没有发射，炸药还没有爆炸的时候，这些气体藏在哪里呢？原来这些气体都是由固体物质产生的。搞一次小型的、不会造成什么破坏的爆炸，我们便可以了解到这种化学作用是怎样产生的。

找一只大瓶子和一只能够密封瓶口的软木塞子。先将一张小纸折出一条折痕，再把纸摊开，放上两大匙发面团用的发酵粉。把发酵粉徐徐倒入瓶里。预备好一支试管，里面装满醋，并且把软木塞用水打湿。

动作要快，一只手拿着软木塞，另一只手拿着盛满醋的试管，把醋迅速倒进瓶里，立刻把塞子塞上，但注意不要塞得太紧。

瓶子里的东西突然发出轰隆声，涌起很多泡沫，不一会瓶塞就会呼的一声飞起来。

发酵粉是化合物碳酸氢钠的俗名。它由钠、氢、碳和氧元素组成，与醋混合以后，经过化学反应，放出一种叫做二氧化碳的气体，这种气体在瓶子里面集结起来，最后把瓶塞给冲跑了。

10. 气体灭火

擦燃一根火柴，放入空牛奶瓶或大口瓶的瓶口，火柴能继续燃烧。这是因为火柴能够从它周围得到燃烧所需要的氧气。

现在再做一个实验。将一大汤匙发酵粉放入牛奶瓶或大口瓶里，再倒入1/4玻璃杯的醋。瓶子便渐渐释放出来的二氧化碳气体了，这就好像水装在瓶子里面一样。

将燃烧着的火柴放在到瓶口试一试，一下子就熄灭了。这一次火柴放到瓶口就熄灭的原因，是火柴周围已不存在帮助它燃烧的空气。

你做的这个实验也证明二氧化碳的气体密度比空气密度大，它不是浮在上面而是沉在瓶底的。我们还能把二氧化碳气体像水一样从这个瓶子倒到另一个瓶子里去，下面就做这个实验。

把一小段矮于瓶口的蜡烛放在一个大口瓶里，并把它点燃。

按上述实验方法另外用一只瓶子准备好一瓶二氧化碳气体。当这只瓶子里大的气泡冒得少了时，即把里面的二氧化碳气体像倒水那样慢慢地倒入放着蜡烛的大口瓶里。注意别把瓶子里的醋给倒了出来，二氧化碳气体在大口瓶里满到烛焰时，烛光即自行熄灭。然而你却看不到二氧化碳气体，只能看到烛火灭掉了。

在二氧化碳气体中什么东西都无法燃烧，所以它是很好的灭火剂。我们在学校里和其他建筑物的墙上看到灭火筒，里面就藏有二氧化碳气，不过它已经和肥皂状液体混合在一起了。一喷，它能产生泡沫，射向火焰把火熄灭。

11. 会飞的卫生球

当你到离店去买卫生球时，就会闻到一股樟脑的气味。不过现在市售的这些卫生球，不是用樟脑做的，而是用一种从煤焦油中提炼出来的物质"萘"做成的。这种东西虽然没有翅膀，但它会飞。

下面我们做一个实验，来观察一下。

取几颗卫生球，砸碎后放在一个去掉盖、洗干净的香脂盒里，然后把铁盒放在火上慢慢加热。再在一只烧杯中注入冷水，用手拿着放在铁盒的上边（要保持 3~5 厘米的距离）。过一会儿，铁盒中的卫生球就都飞到烧杯底上去了，所不同的，原来是碎块，飞到杯底上的却变成了粉末。

卫生球真的飞起来了吗？原来萘有升华的性质。这个实验便是萘的升华现象。卫生球受热后，萘由固态直接变成气态，蒸气上升后遇到温度较低的杯底，就又由气态直接凝成粉末状的固态，聚集在杯底上。

萘的升华现象，不仅在加热的时候发生，就是在常温的情况下也十分容易发生，只是比较缓慢了。把新买的卫生球放在衣服箱子里，过一个夏天就变小了，把衣服拿出来，带有卫生球气味。这就是由于萘的升华作用，使萘的分子飞离卫生球表面，沉积在衣服上的缘故。

萘的主要来源是煤焦油，但这样分离出来的萘含着大量杂质，往往需要精制。在工业上就是采用升华的办法去掉萘中的杂质，这样获得的萘，纯度可达 98.5% ~ 99.5%。

12. 奇妙的变色花

用滤纸（易吸水的纸）或棉花制作的花、$C_0Cl_2 \cdot 6H_2O$、镊子、酒精灯、烧杯、玻棒、药匙。

在烧杯中用 $C_0Cl_2 \cdot 6H_2O$ 晶体配成饱和溶液。用镊子夹取纸花（或棉花制作的花）在其中浸泡，晾干，反复多次至呈红色为止。

将红花放在酒精灯火焰上方烘，观察颜色的变化。然后再在花上喷水，再烘干，反复几次，得出变化规律。

也可将烘干的一束浸泡过 C_0Cl_2 饱和溶液的花，插在花瓶中或挂在墙上，当做晴雨花。

用 $C_0Cl_2 \cdot 6H_2O$ 饱和溶液浸过的花呈红色，当烘干后呈蓝色，再喷水后又变成粉红色，再烘干又变成蓝色。

当烘干的一束蓝色氯化钴的花，遇到空气中较多水分时，颜色会逐渐变红，预示天气可能下雨；若一直保持蓝色，表明天气晴朗，因此可称晴雨花。

13. 奇妙的催化剂

【实验用品】

小苏打、方糖、香烟灰、无水酒精、石棉网、镊子、酒精灯、铁架子（铁圈）、药匙、研钵

【操作过程】

用镊子夹取一块方糖，放在酒精灯焰上加热，见方糖表面熔化但不燃烧。在方糖熔融处沾满香烟灰，再放在灯焰上，方糖很快着火燃烧。离开灯焰后，继续观察反应情况。在石棉网上放 5 药匙左右香烟

灰，用药匙将香烟灰朝四周均匀推开，呈"盆子"状。将 1 药匙研细的蔗糖（干燥）和 1 小匙（药匙小的一头）小苏打的混合物堆在"盆子"中间，呈"宝塔"状。用滴管吸取无水酒精 5 ~ 6 毫升，滴在混和物四周的香烟灰上，点燃酒精，观察现象。

熔融方糖沾上香烟灰后，在酒精灯焰上燃烧，离开火焰能继续燃烧，发出蓝色火焰。这说明香烟灰在反应中起催化剂作用。

石棉网上的实验，可观察到有疏松弯曲的褐色"蛇"状物从"塔"尖慢慢伸出。

14．不怕烧的布

取一小块棉布，蘸上水后放在桌面上，将击碎了的卫生球放在上面。然后擦着一根火柴，将放在棉布上的卫生球设着，待火焰熄灭后，将布块拿起来看，布块仍然完好无损。布块为什么没有丝毫烧杯的痕迹呢？因为卫生球的成分是一种有机物——萘。它是由易燃物质碳、氢两种元素组成的，又具有升华性质。把它放在棉布上点燃时，升华和燃烧就同时发生，虽然萘的蒸气在燃烧的时候放出大量的热，但同时发生的升华现象，要吸收热量，还有一部分热量要消耗在升高萘蒸气，达到燃点使萘燃烧上面。所以，和棉布接触部分的温度是比较低的，再加之浸过水的棉布又要吸收大量的热，使水变成蒸气，因此，总共消耗的热量就更多了。这样一来，火焰的温度就被降低，甚至远远低于棉布的燃点，所以棉布一点也不会烧坏的。

根据这个原理，还可以做一个简单有趣的实验。取一个卫生球（不要击碎）。用一块新棉布紧紧地包好，用镊子夹住，然后用火柴点燃小布包。小布包就会着起来（不要让火着的时间太长，就让它熄灭），观察一下布，布并没有被烧坏。

15. 糖水结晶

要是将砂糖放在水中慢慢搅动，一粒粒的砂糖变得越来越小，渐渐就看不见了。这是因为水把砂糖分成一个一个的分子，糖的分子和水的分子均匀地混合在一起的缘故。

凡是像砂糖那样可以与液体溶在一起的物质叫做可溶物质。溶解了的糖虽然不见了，但是它仍然存在于水中，我们能够把它再取出来。下面让这我们来做这个实验。

把一杯清水倒在一只平底锅里，搁在炉子上煮，水快开时，将火弄小些，同时把砂糖加进快开的水中。砂糖要一点一点慢慢地加，一直加到水刚好再也溶解不了砂糖为止。一杯水大概可以溶解 400～600 克的砂糖，然后将这糖水倒回玻璃杯。

在铅笔上结一棉纱线。这段线的长度应与玻璃杯的高度差不多。线的一端系一颗纽扣或回形针，把这根线拉直。随后把铅笔搁在玻璃杯的口上，吊着纽扣的线悬挂到盛糖水的玻璃杯中去。将这杯糖水移到较为暖和的地方，放上几天。当提起来看时，棉纱线上已经结满了霜一样的东西，这种一粒粒的东西就是糖的结晶。

被溶解的固体物质重新从液体里提取出来后，就会形成多面体的结晶体。

如果糖水冷却了，就溶解不了糖，一部分糖水会重新变成结晶状的物质。如果糖水渐渐地冷起来，结晶的颗粒就会大些。

16. 浑水变清

在河流入海的地方，常常有一些叫三角洲的陆地，这些陆地是怎样形成的呢？为了弄清这个问题，我们不妨做一个实验。

在一个茶杯中放入一些泥土和水，充分搅拌后，使其静止。待大颗粒沉淀后，把上层混浊的水倒入另一个茶杯中。然后把明矾（硫酸钾铝）研成粉末放到杯子里搅拌几下，过一会儿，原来混浊的水就变得清澈透明了。

原来水中的那些小泥土微粒（称胶体粒子）都带有负电荷，当它们彼此靠近时，由于静电斥力，总是使它们分开，没有机会结合成较大的颗粒沉淀下来，所以就会在很长时间内在水中悬浮，甚至几天也不能沉下来。当加入明矾后，明矾和水发生化学反应，生成了一种白色的絮状沉淀物——氢氧化铝，和带有正电荷的粒子。当它与带负电荷的泥沙相遇时，正、负电荷就彼此中和。这样，不带电荷的颗粒就容易聚结在一起了，而且，聚结后颗粒越来越大，终于会克服水的浮力而沉入水底，水也就变得十分清澈了。

从这个道理中，我们就能解释河流入海处三角洲的成因了。河水里带有大量的泥沙，当它流入海口的时候，流速减慢了，大颗的泥沙就自动地沉下来，那些小颗粒的泥沙在海水中的食盐、硫酸镁等带正电荷的物质（电解质）的作用下，电荷抵消，变成不带电的颗粒而沉淀下去，天长日久，就变成了三角洲。

17. 烧不断的麻绳

麻的主要成分是碳、氢、氧等元素。在加热时，借助于空气中的氧气，是很容易燃烧的。有什么办法能使它烧不断呢？

在一个空罐头瓶内加上热水，然后放入磷酸钾（磷酸钾、磷酸钠等可溶性的磷酸盐都可以），制成较浓（约30%左右）的溶液，再把30厘米左右长、毛衣针粗细的新麻绳放在制得的溶液中浸透，取出后晾干。把晾干了的麻绳浸在浓度为 3% 的明矾（硫酸钾铝）溶液里，浸透后再取出晾干。这样，这根绳任凭你放在火上烧，怎么烧也不会断的。

为什么麻绳浸过磷酸钾和明矾溶液以后就烧不断了呢？从上面的实验中我们知道，燃烧是一种比较常见的化学反应。在通常情况下，燃烧必须具备三个条件：一是可燃性物质；二是支持燃烧的氧；三是达到着火点的温度。因为磷酸钾和明矾都不是可燃性物质，它们不能支持燃烧。把麻绳浸在用这两种物质制得的溶液里，磷酸钾和硫酸钾铝的分子就沉淀在纤维的外面，形成一种保护层，把易燃的碳、氢、氧组成的纤维素和空气隔开，火焰也不能直接接触它，用火去点时就不再燃烧，当然也就燃不断了。

18. 巧写"情报"

白纸一张、白醋（或洋葱头）、干净毛笔一支、酒精灯（或蜡烛）。

用白醋（或洋葱汁）在白纸上写字，干燥。写过字的地方对着火焰烘，并不断移动，待字显现为止。

原因是有机酸和纸发生化学反应生成了燃点低的化合物，在火上烘时发生了不冒烟、不发生的缓慢氧化反应。

19. 气候图

有一种既简便、又有趣的制作一种气候图片办法。找一张吸水性比较好的白纸，在纸的下半部用水彩画出绿色的草原。再用另一支毛笔把 1M 氯化钴溶液均匀地涂刷在白纸的上半部，然后把这张图放在炉火上烘烤，或者把它放在酒精灯火焰上微热，直到纸的上半部变成蓝色为止，如果蓝色不深，可以再涂刷和烘烤几次。这时，你所画的气候图片就变成了蔚蓝色的天空下展示出一片茫茫的大草原。这蔚蓝色的天空就是无水氯化钴显示出来的颜色。

每当空气中的温度增大到一定程度时，蓝色的 C_0Cl_2 就会吸水转为成玫瑰色的 $C_0Cl_2 \cdot 6H_2O$，气候图片上蔚蓝色的天空也就变成粉红色了，它警告我们，空气中的湿度增大了，或者说，可能要下雨。

等到天气变晴，空气中的湿度减少了，我们又能看到茫茫的大草原上无边无际的蓝天了。

20. 土豆上作画

土豆若干只、市售碘酒一瓶、配制一定量的饱和硫代硫酸钠溶液、毛笔两支、小刀一把。

将土豆去皮或切开后，用一支干净毛笔蘸取碘酒涂在切面上，略干。再用另一支干净毛笔蘸取饱和硫代硫酸钠溶液在切面处作画。

在土豆切面上涂碘酒后，切面显蓝色。在显蓝色的切面上用硫代硫酸钠饱和液作画处显白色，显示了蓝底白色画面。

土豆中含有较多的淀粉，淀粉遇碘呈蓝色。硫代硫酸钠与碘因发生化学反应而显白色。

21. 变形鸡蛋

把一个比较小的鸡蛋，放在一小碗 6M 盐酸里，不时转动鸡蛋，让鸡蛋壳与盐酸充分作用。几分钟后，盐酸就会把鸡蛋壳都溶解掉，使鸡蛋变成一个很软的被一层薄膜包围起来的蛋白和蛋黄。鸡蛋壳的成分是碳酸钙，它在盐酸的作用下会全部溶解。

鸡蛋壳被溶解后，小心地将碗倾斜，慢慢地把碗里的盐酸倒在另一个瓶内（供做下一实验用）。在碗内换进清水，再把水倒掉，这样反复几次，直到把鸡蛋表面的盐酸和碗里残存的盐酸都洗掉为止。清洗时一定小心，不要把鸡蛋表面的薄膜弄破。

清洗以后，在碗里倒满水，把这个柔软的鸡蛋泡在水中（注意，不要把蛋盖没），你会看到，鸡蛋在渐渐地肿胀。这个过程虽然很慢，不能在几分钟内立刻显示出效果，但是如果每隔一个小时观察一下，就会发现鸡蛋变大了一点。过了一天以后，你会看到这个比较小的鸡蛋变成一个很大的鸡蛋。这是细胞膜渗透造成的。

22. 制造化妆品

（1）雪花膏

【实验用品】

烧杯，玻璃棒，铁架台，铁圈，石棉网，酒精灯，温度计（200℃），白色细布。

硬脂酸14克，甘油18克，氢氧化钾0.45克，水67毫升，香精1克。

【操作过程】

①将硬脂酸与甘油放在烧杯中，用水浴加热的方法使其溶解，温度控制在90℃左右。

②将0.45克氢氧化钾溶于67毫升水中，加热使溶液温度至90℃左右。

③将加热熔融后的硬脂酸和甘油混合物用白色细布过滤。滤液中，边搅拌边徐徐加入已经预热的氢氧化钾水溶液（有条件的可采用电动

搅拌器）。

④搅拌至膏体温度约 *55℃* 时，加入香精，继续搅拌至 *50℃* 即可。

【简单原理】

制取雪花膏的原料并不复杂，主要是硬脂酸、碱液、甘油和香精。在加热条件下，部分硬脂酸（$C_{17}H_{35}COOH$）与氢氧化钾溶液发生下列反应：

$$C_{17}H_{35}COOH + KOH \xrightarrow{90℃} C_{17}H_{35}COOK + H_2O$$

生成的硬脂酸钾（$C_{17}H_{35}COOK$）具有乳化剂的作用使剩余的硬脂酸与水发生乳化作用而融化，便制成稳定且洁白的雪花膏了。甘油则起润肤、护肤的作用。

【说明】

①当 KOH 溶液加到硬脂酸、甘油混合液中去时，两者温度应尽可能接近。

②制膏用的水应洁净，尽可能避免使用硬水。

③操作时温度控制要适当，过高会影响膏体颜色，过低膏体会出现出水现象。

④选用香精时应结合香味及对膏体颜色的影响加以考虑，通常选用玫瑰、茉莉、桂花香型的香精。

（2）花露水

【配方】

95% 酒精 150 克，香料 5 ~ 10 克，水 50 克，颜料少许。

【操作过程】

①溶解　根据配方用量取酒精于烧杯中，加入香料，搅拌使之溶解。再加入水和颜料，继续搅拌至完全溶解。

②过滤　把溶解配料后所得的液体在白色洁净的细布上过滤，除去杂质。

③保存　将滤液注入密闭的容器内。由于主要成分酒精易挥发，瓶塞最好用内衬有橡皮的盖子。

【简单原理】

常用的花露水是由酒精和香料为主要原料配制的，因而具有杀菌、消毒、止痒等功能。制作花露水以天然动植物香料和人工合成的单体香料搭配使用为宜。一般采用以天然动植物香料有玫瑰香型和熏衣草型等，单体香料有水杨酸、桂酸、冬青油、杨酸甲酯等。也可直接用从商店购买的调合香料类化妆品香精。

【说明】

①若溶解过程中无悬浮杂质可免去过滤步骤。

②花露水一般含乙醇 $70\% \sim 75\%$ ，容易渗透细菌的细胞膜，使原生质和细胞核中蛋白质发生不可逆的凝固作用，达到杀灭细菌的目的。

③花露水通常添加绿色颜料。可直接采用印涂料色浆8601（主要成分为酞青绿）或用天然色素。

23. 废品回收

【实验用品】

废干电池、漏斗架、漏斗、滤纸、酒精灯、铁架台、铁圈、废铁罐、玻璃棒、烧杯等。

【操作过程】

取1号废干电池3节，除去塑料、纸质外壳，取出碳棒及金属外壳，将干电池中黑色物质放入烧杯中，用热水浸泡、搅拌，使氯化铵和氯化锌充分溶解。静置冷却后倾出上层液体（主要含氯化铵和氯化锌等），将残渣洗涤后过滤，滤渣为黑色粉末，将黑色粉末倒入铁罐中灼烧，搅拌，直到粉末变为灰棕色，放入少量 $KClO_3$ 至不再出现火星为止。这样，废干电池中的锌（金属外壳），二氧化锰及氯化铵溶液基本分离出来了。

【原理及说明】

作为学生动手变废物为有用是很有教育意义的。锌壳可用于实验室制取氢气。在废干电池内黑色物质中主要是 Mn_2O_3 及 MnO_2，还有少量炭黑和石墨，在灼烧过程中炭黑及一部分石墨被烧掉，主要剩下的是 MnO_2 及其他锰的氧化物的混合物，可用做 $KClO_3$ 制氧气及 H_2O_2 分解的催化剂。在浸出液中可以用氢氧化钠溶液（加热）来检验 NH_4^+ 的存在，用加热结晶的方法可制得不纯的氯化铵。

24. 巧辨棉、羊毛和涤纶纤维

棉纤维的成分是纤维素，它是由碳、氢、氧组成的高分子化合物，其中含有很多个葡萄糖单元。

羊毛纤维的成分是蛋白质，它是由 a⁻ 氨基酸组成的，其中除了碳、氢、氧以外，还含有氮和少量硫。

涤纶纤维（的确良）是由人工合成的高分子化合物制成的，所以称为合成纤维。

这三种纤维燃烧时情况不同，由此可将它们区别开来。在棉布上抽出一根棉纱纤维放在酒精灯火焰中燃烧，不容易烧着，烧完后留下的是灰烬。

取一小段纯羊毛毛线，放在酒精灯火焰中燃烧，也能烧着，但燃烧时产生焦臭味，这种臭味类似于毛发或羽毛烧焦时产生的气味。这是因为它含有蛋白质的缘故。

从纯涤纶衣料（如涤纶织成的弹力呢）中抽出一根纤维，放在酒精灯火焰内燃烧，立即烧着且燃烧时纤维卷曲，最后熔化成小球。这是由于涤纶等合成纤维的原料都是高分子聚合物，它们的熔点都比较低，所以燃烧时会熔化成小球。

如果找不到纯涤纶的衣料，也可以用锦纶（即尼龙）纤维——尼龙绳、尼龙线（注意，不是塑料线）或破的尼龙袜（弹力锦纶袜）中抽出的纤维来做试验。锦纶纤维与涤纶纤维一样，也是合成纤维，因而燃烧时也会卷曲，并后成小球。

25. 美丽的蝴蝶

取4个烧杯，倒入热水。然后分别往4个杯中逐次放入明矾。硫酸铜、铬酸钾和重铬酸钾，并用玻璃棒或竹筷搅拌，一直到固体物质不能再溶解为止。再用4根铁丝弯成4只"蝴蝶"，悬挂在制得的溶液中间。随着饱和溶液温度的下降，上述4种物质的晶体便不断地凝积在铁丝上，于是白色、深蓝色、黄色和橙色的4只蝴蝶就逐渐形成了，毛绒绒的非常美丽。注意，因为铬酸钾和重铬酸钾都是重金属盐，有剧毒，切不能入口，做完实验后要认真洗手。

这个实验的原理很简单，明矾、硫酸铜、铬酸钾和重铬酸钾在水中的溶解度随着温度的上升而增加，也随着温度的降低而降低。因此在热水中很容易溶解，并且会很快达到饱和。当放进冷铁丝弯的蝴蝶后，温度开始下降。于是溶解度也随之减小，晶体开始析出，便逐渐凝积在铁丝上了。

这个实验成败的关键，在于选好药品。对于温度稍有下降，而物质的溶解度就会下降，很多的药品做这个实验效果最好。

根据溶解度和温度的关系，化学工业部门往往把一些不纯的物质溶解在某种溶剂中，利用降低温度或蒸发的办法，进行重结晶而获得纯净的物质。

26. 星光灿烂

很多人都喜欢看焰火，有一类焰火像一闪一闪的星光一样，很引人注目。这是一种最简单的焰火，你只要有点铝粉或镁粉，在家里也可以做。

天黑时，先把酒精灯点着（如果没有酒精灯，也可以用蜡烛火），最好把屋子里的电灯关掉，然后慢慢地把铝粉或镁粉（铝粉俗称银粉，油漆颜料商店出售）撒在火焰上，就会产生一闪一闪的炫目的星光，但它比真的星光要亮得多了。这是因为铝粉燃烧时，生成氧化铝粉末，就会发出强烈的闪光。

做实验时要注意每次撒的铝粉不要太多，慢慢地撒。

27. 马铃薯制淀粉

马铃薯里面含有大量淀粉。这里讲一种取出淀粉的方法。你就可以用取出来的淀粉做实验了。

取两只大马铃薯削皮、捣碎，将一手帕的四只角提起来做成袋状，把捣碎的马铃薯放进去。先将这一袋碎马铃薯浸入半碗水中，然后拿起来用力挤压。这样反复挤压几次，碗里的水就混浊了。

让这碗水放几分钟，碗底就会有一层白色的东西沉淀下来。轻轻将碗里的清水尽量倒干净，然后把碗搁在一边，让其余的水分慢慢挥发。剩下来的白色粉末就是淀粉。拿出一点点滴上一滴碘酒试一试，其余的淀粉留待下次实验再用。

淀粉是一种具有多种用途的物质。它是一种供给人们能量的食物。玉米、小麦、黑麦和大米等食物中，都含有大量淀粉。在人体内，这

143

些淀粉要先经过化学变化，转化成一种酶类，才能被吸收。

洗衣店里用淀粉来浆衣服，使衣服挺括。淀粉还用于纸张、胶水、炸药和其他许多东西的制造上。

28. 人工造雪

看剧时，有时舞台上纷纷扬扬地下起雪来，厚厚的一层雪，人走在上面把脚面都没了，但是它却不融化。这种不化的"雪花"原来是洁白的泡沫塑料做成的。

那么，泡沫塑料是怎样制得的呢？

找一些用聚苯乙烯做的白色旧牙柄或坏梳子，将它们弄碎。称取10克放在一个100毫升的三角烧瓶中，再加入8毫升二氯甲烷（用甲苯或苯也可以，但量要稍多一些）作溶剂，用软木塞塞住瓶口，摇荡使碎牙刷柄溶解。然后，加入2~3克研细的碳酸氢钠，作为发泡剂。再把这个混合液倒在平滑的玻璃板上，放在通风处让溶剂挥发（不能暴晒），直至溶质干硬为止。最后，把它碾成小颗粒，放入一支硬质试管中，再把试管放在95摄氏度的水中加热几分钟，将试管取出用冷水急剧冷却，待塑料定型后，一块用制做"雪花"的泡沫塑料便告制成。

注意：由于溶剂的蒸气有毒性，所以在挥发溶剂时，一定要在通风良好的地方进行。

泡沫塑料除了充当电影或戏剧中人造雪景道具外，它还有绝热隔音的作用，还是新型、优质的冬衣材料呢。

29. 顽皮的罐头盒

一只空罐头盒，不与任何东西接触，怎么会响，又怎么会自动地跳起来呢？可以通过下面的实验观察一下。

装一个简易的氢气发生器。

在一只口径比较大的瓶子里放入十几颗锌粒（用干净的废电池也可以），然后配上一个带有弯玻璃管和漏斗的橡皮塞和软木塞，弯玻璃管用橡皮管和另一个玻璃管连接，漏斗要连接一个长度几乎能接触瓶底的玻璃管。

再做收集气体的准备工作。

在一个用过的小铁罐头盒底部打一个毛衣针粗细的洞，用胶布粘住，装满水，倒放在盛满清水的盆子里，待用。

制取氢气时，从漏斗处向装有锌粒的瓶子倒入浓度为 20% 的稀硫酸（加入酸的量，以能浸没锌粒为妥）。也可以用氢化钙和水反应，制取氢气。为了收集纯净的氢气，必须尽量赶跑瓶中原有的空气。因此，在收集氢气之前，首先要检验其中是否混有空气，或者等反应约进行一分钟以后，再把玻璃管伸入罐头盒内。由于氢气在水中的溶解度非常小，所以它进入罐头盒内能把水排出。等罐头盒里的氢气收满以后，立即用玻璃片封住盒口，从水中拿出来，倒放在桌子上。

把氢气发生器移开后，就可以开始做实验了。

把封盒口的玻璃片抽开，再把罐头盒的一边用小木块垫高一些，让它稍微倾斜。立刻把粘在底部的胶布撕掉，接着，用火柴在小洞附近点火。因为氢气比空气轻（空气的比重是氢的 14.38 倍），它会通过小洞逸出，遇到火就会燃烧。这时就可以听到鸣叫声，而且声音越来越响，随后罐头盒也会开始跳动出来。有时会在发生一声鸣响后，罐头盒飞得很高。

　　为什么会发生上述现象呢？主要是因为氢气在不同的条件下，燃烧的情况不同。开始罐头盒里充满纯净的氢气，它与火及空气接触的部分就发生了燃烧，我们看见罐头盒底部的小洞处产生了淡蓝色的火焰。随着氢气的燃烧，罐头盒里的氢气数量减少了，空气从垫起来的开口处进入盒内。由于气体的扩散作用，氢气和空气就迅速地混和起来。当达到一定的比例时，洞口的火焰就能使盒内的混合气体燃烧。因为氢气和气体混合得均匀，这个燃烧进行得很快，出现爆炸现象，罐头盒的鸣叫声和跳动就是这种爆炸所引起的。如果混入的空气中的氧气体积和氢气体积之比恰好是2：1时，爆炸的力量就最大，发出响亮的爆鸣声，罐头盒也会飞起来，有时会飞起一二米高。

　　氢气里混有空气或氧气时，遇火就会发生爆炸。因此，在做氢气实验时，氢气发生器必须远离火焰；已经产生的氢气，必须进行纯度检验，证实氢气已达到纯净时，才可以进行氢气的收集和点火。

　　检验时，用排水取气法（或用向下排气法）把氢气发生器里放出来的气体收集在试管里。把试管移开，点燃烧管里的气体，直到没有尖锐的爆鸣声为止。这一条必须严格遵守。

30. 除墨迹

　　如果你不小心将红、蓝墨水，红、蓝色圆珠笔油或盖图章用的红、蓝色印油沾在衣服上，是很难用肥皂或洗衣粉洗净的。这时可以用酸性高锰酸钾溶液除去这一类污迹。

　　高锰酸钾是家庭中常用的消毒剂，很容易从药店里买到。用时须把它配成0.1M溶液（质量百分浓度约为2%），还要在溶液里加硫酸，这样便配成了酸性高锰酸钾溶液（每10毫升高锰酸钾溶液加几滴浓硫酸）。然后把酸性高锰酸钾溶液滴在污迹处，红、蓝墨水等污迹就会消失。

为什么酸性高锰酸钾溶液能褪色呢？因为红、蓝墨水，印油和圆珠笔油都是用染料配成的，而红、蓝色染料都是有机化合物，容易被酸性高锰酸钾氧化，变成无色的物质。

在红、蓝墨水等污迹消失以后，上面会留下过剩的高锰酸钾溶液，它是紫色的。如果不把它除掉，则会在衣服上造成新的污迹。除去高锰酸钾的办法是在上面滴几滴 3% 过氧化氢溶液（可用医用的双氧水），它具有还原性，能把紫色的高锰酸钾还原为无色的硫酸锰。

最后，在衣服上的污迹被除去以后，还要用清水把衣服洗一下，以除去衣服上残留的化学药品。

31. 引蛇出洞

看到过蛇出洞的人想必是很少的。一般人遇见蛇总有几分惧怕，胆小的人更会心惊胆战，谁还敢专门等在洞口，去引蛇出洞呢！不过，我们倒可以让你看一看"蛇"是怎样从洞里钻出来的，并且保证这条"蛇"不会伤害你。

把 7 克糖、7 克重铬酸钾和 3.5 克硝酸钾分别磨成很细的粉末（注意：一定要分开磨），细心地把它们混合均匀，并用一张锡纸将混合物包成一个小包（包不宜不太，也不要把混合物包得太紧）。如果没有锡纸，则可以用聚乙烯塑料薄膜（即市售的薄膜食品袋）代替。然后将装好混合物的纸包（或薄膜包）放进一个用硬纸板卷成的纸筒内（简要稍微大一些，使装混合物的纸包能在里面自由移动）。

把纸筒放在水泥地上，将纸筒的一头点着，等到里面的锡纸包（或薄膜包）烧着后，你就会看到一条"蛇"慢慢地从洞内扭曲着爬出来。最后在地面上会躺着一条形象逼真的半尺长的死"蛇"。

32. 水果催熟

有什么办法使生水果变熟呢？下面介绍一个催熟水果的实验。

先制取一瓶乙烯气体。

取一支圆底烧瓶，注入5毫升浓度为96%的酒精，然后慢慢加入10毫升浓硫酸（一定再将浓硫酸加入乙醇中，以免发生危险）。配一个带弯曲导管和一支实验用温度计的橡皮塞。将烧瓶固定好待用。

再找一个带螺扣盖的广口瓶（最好用装果酱用的铁盖玻璃瓶），装满水，倒入在水盆中，选一个刚放进瓶子里的绿色小苹果，或青西红柿。

准备好后，便可以进行实验了。

点燃酒精灯，给圆底烧瓶加热。注意：温度一定要控制在160摄氏度。将导管放进装满水的瓶中，用排水取气法制取一瓶乙烯气体。取出瓶，将选好的苹果放进瓶中，将盖子盖好，拧紧，放到不见光的地方。几个小时后，苹果原来的颜色消失，生水果就完全熟透了。

这是什么道理呢？因为乙烯有一种特殊的性质：它具有促使植物的果实早熟的催熟着色的本领；还具有使动物昏迷、植物"睡觉"的麻醉能力。人们常常利用乙烯的这个特性，把快要成熟的水果摘下来，运到目的地，在乙烯气体中放置几天，使水果成熟。这样可以大大减少运输中的损失。乙烯也可以使大量的橡胶乳流出，提高橡胶的产量。

33. 找淀粉

从家用药箱中拿出一小瓶碘酒，或者到外面药房里去买它一瓶。

将一茶匙的面粉倒在半杯热水里面搅匀。再用茶匙盛一两滴碘酒倒入杯内，杯中的液体马上变成深蓝色。

你刚才做的这个实验，实际上是就是化学家用来检查某种物质里面里否含有淀粉的方法。许多植物都含有淀粉，淀粉的分子是由碳、氢、氧三种原子组成的。糖也是由这三种原子组成，不过组合方式不同，所以才使得糖和淀粉大不相同。

只是碘一碰上含淀粉的东西，这种东西就变成蓝色。上面的实验证明面粉里面含有淀粉。

用一小滴碘酒滴到一小片马铃薯、一条通心粉、苹果、麦片或者糖上面，看看它们中间哪几种里面含有淀粉。

34. 化学烟圈

找一只马粪纸做的鞋盒，在盒的前侧开一个圆孔，可用打孔来钻孔，孔的直径大小以 5 ~ 10 毫米为宜。如果自制纸盒，大小以 300 × 150 × 150（mm）为宜，并要注意使纸盒密闭。

打开盒盖，在盒内放两只培养皿（或小烧杯），一只培养皿内加 10 毫升浓盐酸，一只培养皿内加 10 毫升浓氨水，盖上盒盖，盒内立即产生浓厚的白烟（NH_4Cl）。

这时，你只要轻轻地拍打一下盒盖，一个白色的烟圈就会从圆孔中射出，和真的烟圈几乎没有什么两样。

35. 碘酒变色

在皮肤肿处涂上碘酒，开始是深紫色的，可是过了几天颜色就会全部消失了。碘酒的颜色哪里去了呢?

149

若想知道碘酒颜色的去向，让我们先做一个实验吧。

找一个装药片的小玻璃管，洗净后烘干。取高梁米粒大的碘放进小管底部，再镊子夹住住放在火焰上加热。当出现紫色的气体后，将一干净的小玻璃片放在管好上，停止加热。这时就会发现，这种气体遇冷后并没有变为液体，在玻璃片上凝结成一堆暗黑色的、有光泽的晶体，这证明碘具有升华的性质。了解了碘的这种性质，我们就会明白，涂在皮肤上的碘酒颜色的消失，是由于碘酒里的碘在体温的作用下，逐渐升华的缘故。

碘是法国化学家古尔多瓦在 1811 年的一次实验里，把硫酸倒在海草灰制备的碳酸钠中发现的。当时古尔多瓦没有确认这种物质是什么，后来在他朋友的帮助下，才弄清这种物质就是我们今天做碘酒用的碘。

36. 燃烧的冰块

做这个实验前，自己可以先制一块冰。特别是在夏天不好找冰的情况下，更为需要。

找一个装香脂的小铁盒洗干净，盛半盒水。再买两支冰棍，把冰棍敲碎后，和两汤匙洗涤盐混和，放在一只饭碗中。把香脂盒放在里面，然后用蘸湿的毛巾盖住饭碗，过约 15 ~ 20 分钟后，铁盒里的水便结成冰了。

把冰取出后，便可进行实验了。

取一小块电石（碳化钙），放在冰块上。然后擦着一根火柴，往冰和电石接触的部位一点，片刻就着起火来，而且越烧越旺，就像冰着了火一样。但当电石消耗完以后，火焰也就渐渐地消失了。

冰块和电石放在一起能够着火，主要是因为电石和水能发生激烈的反应，放出一种可燃性气体——乙炔（电石气）。当我们用点燃的火柴接近冰块时，使冰块发生微融，产生少量的水。水和电石发生化学反应，生成乙炔气。乙炔通火开始燃烧，乙炔燃烧后，产生的热量进一步使冰融化。水又和电石发生作用，不断的生成越来越多的乙炔气，火焰就逐渐地旺起来，直到电石作用完结为止。

电石和水作用，是制取乙炔气的一种方法。

37. 汽水里的气体

把一大汤匙的醋和发酵粉倒在一玻璃杯的水中，再放三粒樟脑丸进去，在樟脑丸上即刻出现许多二氧化碳的小气泡，这些小气泡好像一个个浮筒，把樟脑丸浮起在水面上面，气泡破后，樟脑丸下沉，再出现气泡，樟脑丸又浮上来。这种时而浮起时而下沉的情况可以持续好几个小时，直到这种化学运作完结为止。

请注意有些泡始终不破，但是这些气泡往往出现在粗糙的樟脑丸表面上。

这些气泡好像汽水里产生的气泡。我们喝的汽水就是把配有糖和香料的水加入二氧化碳的气体制成的。这种气体实际上已溶在水里。打开汽水瓶塞，冒上来的小气泡就是二氧化碳。这些气泡使汽水产生一种碳酸气的味道。

38. 烛焰显字

把钢笔在醋里面蘸一下，再在一张厚厚的白纸上写上几个字。要多蘸几次，使字的笔画粗重。醋很快就干了，而且不留一点痕迹。

点一支蜡烛放在水槽里，因为这样会使实验安全妥当。放好蜡烛以后，就把这张用醋写了字的纸放在烛箱上大约2.5厘米高的地方烘

151

烤，注意要把纸片不停地移动，不能只烤一点，否则纸容易着火。这样过了不久，你就会看到纸片上颜色焦黄的字迹。

你用醋在纸上写字的地方，醋与纸发生化学变化，形成了一种化合物。这种化合物比纸上没有写字的地方更易燃烧，纸在烛焰上烤的时候，写上字的地方就先被烤焦。用柠檬汁、葡萄汁或者牛奶汁写字，结果也会同醋写的一样。

39. 自制农药

现在，不少人喜欢在自己的庭园里或者花盆里栽种花草树木，以美化我们的环境。但是，有时候树上会长虫，把我们辛辛苦苦的劳动成果毁坏了。你不妨在家里自制一点农药来防治这种病虫害。制法简单，价钱便宜，又不需要特殊仪器的农药，要算钙硫合剂了。

下面介绍钙硫合剂的做法：

在烧杯（或搪瓷杯等其他容器）中加 28 克生石灰（CaO），再慢慢加入 75 毫升水，混合均匀后即变成熟石灰。然后往烧杯中加 56 克研细的硫黄粉，用酒精灯加热煮沸一小时，反应过程中应不时搅拌，并补充因蒸发而损失掉的水分。因煮沸时会产生刺激性的气味，所以最好的室外制备钙硫合剂。把它贮存在玻璃瓶内，将瓶盖盖严，放在阴凉处，可以长期使用。

钙硫合剂用水冲稀 10 倍可以杀灭害虫，用水冲稀 40 倍时，可以用来杀死花草和树叶上的细菌，使用的时候以喷雾法最好。

40. 盐和冰

把一粒食盐放在水中，并没有烫的感觉，热是从哪里来的呢？

然而，盐在一定条件下不仅可以产生"热量"，而且还能把雪融化了呢！我们可以作个实验观察一下。

冬末，找一个用过的香脂盒盖，盛上雪后，放在外面（不要拿进室内）。然后，往盒盖里的雪上边均匀地撒上精盐面。过一会儿，盒盖里的雪就融化了（室外气温在零度左右效果更好）。奇怪，为什么没有热感的食盐，反到能把冰冷的雪融化了呢？

这是由于盐和雪的混合物的冰点，远远低于纯水的冰点的缘故。他们知道，纯水的冰点，在通过情况下为零度，才是食盐饱和溶液的冰点将近零下 21 摄氏度，雪是水以固态存在的一种形式，当它和食盐混合以后，这种食盐溶液的冰点就是摄氏度零度，而大大低于摄氏零度，雪就融化了。

利用这个原理，在盛夏冰镇食物的冰块上撒一些食盐，冰点就会降低到零下 21 摄氏度。在工业上，利用这个道理来做专业的冷冻剂。

41. 无火加温

取一支小试管，注入 5 毫升的温水，放入一支实验用温度计。取一个酒杯，放入 10 克氢化钾，再倒入 10 毫升清水，然后把盛放温水的小试管放入酒杯中，温度计的水银柱就会很快地上涨。水温可以增加十几度。

10 克氢氧化钾和 10 毫升水混合后，怎么就能使水温升高呢？原来氢氧化钾晶体溶于水时，它的固态分子机械地扩散到水里面以后，立刻和水分子发生水合作用。而这个化学过程是放热的，所以使整个溶液的温度升高了。在热的传导作用下，小试管里的水温也就升高了。

42. 摩擦结"冰"

取一个干净的试管，注放半管冷水，加入含有结晶水的硫酸钠晶体，用玻璃棒不断地搅拌，加到晶体不能再溶为止。然后再多加一些晶体，用热水温热使它全部溶解（温度不得超过 32.4 摄氏度，因为含10 个结晶水的硫酸钠在 32.4 摄氏度以上即脱水，变成无水硫酸钠。无水硫酸钠的溶解度，随着温度的上升反而降低）。最后，用纸片将试管口盖好（防止落入灰尘，影响实验效果），静止冷却。约一小时后，小心将纸片取走，用玻璃棒剧烈地摩擦试管壁，你就会看见试管中有"冰块"析出来。

原来并不是试管里结了冰，而是析出了硫酸钠晶体。为什么用玻璃棒摩擦试管壁就会析出晶体呢？因为硫酸钠在室温下的水中，已经溶解到不能再溶的程度了，也就是达到了饱和状态。由于硫酸钠在 32 摄氏度以下，溶解的数量随着温度的升高而增加，所以温热后，未溶的那部分硫酸钠也溶解了。它的浓度就比室温时大，这种溶液叫"过饱和溶液"。过饱和溶液不如饱和溶液稳定（处于介稳定状态），它极易析出溶质转变为饱和状态。因为这个试管中硫酸钠的过饱和溶液，冷却得慢又没大的灰尘落入，更没有同种晶体存在，所以它没有晶体析出。但当用玻璃棒摩擦试管壁时，可以促进晶核的形成，破坏溶液的过饱和状态，于是过量的硫酸钠便迅速地形成结晶析出，试管内就像气温骤然下降一样，结了"冰"。

43. 卫生球"再生"

取一支大试管，注入 10 毫升酒精，用热水温热。然后往温热的酒精里加卫生球粉末，直到粉末不能再溶解为止。这个溶液叫"饱和溶液"。把试管放在盛有热水的烧杯中，并且用温度计测量此水温，如果水温始终保持不变（加热使其保持恒温），就可以进行实验。另取一个卫生球，将其去掉火柴头大的一块，用线系好，悬入已经制好的饱和溶液里。过一段时间取出卫生球。这样，原先去掉的部分就会自动地补上了。

为什么去掉的部分会"再生"出来呢？因为固体物质放入溶剂中，溶解的分子或离子，在溶液中不断地运动着，当它们和固体表面碰撞时，就有停留在表面上的可能，形成与溶解相反的过程——淀积过程。溶液的浓度越大淀积的作用越显著。固体在饱和溶液中，在单位时间内溶解到溶液里去的分子或离子数和淀积到表面上的分子或离子数相等。因此，悬在饱和溶液中的卫生球，就处在不断的溶解和淀积过程中，外形逐渐变得圆滑，卫生球去掉的部分就像是被补上了一样。

44. 奇妙的渗透

用锋利的小刀在鸡蛋大头的一端挖出一个小圆洞，洞的大小以能在洞内插进一根细玻璃管为宜，然后让鸡蛋内的蛋白和蛋黄从小洞中流出来（用碗接受后，可供食用，以免浪费）。把鸡蛋壳小的一头（约占整个鸡蛋壳表面积的 $1/3$）泡在 6M 盐酸中，把这 $1/3$ 的蛋壳溶解掉，使它只剩下一层薄膜。小心地用滴管慢慢地将 5% 蔗糖溶液（里面加几滴红墨水以染成红色）加到鸡蛋壳内，直到加满为止。把一支长 20 厘米的细玻璃管插在蛋壳上的小圆洞内，再把熔化的石蜡滴在玻璃管与蛋壳的接缝处，使它完全密封。

最后，找一个大小合适的玻璃杯或玻璃瓶，在里面装满清水，把装满蔗糖溶液和带有玻璃管的鸡蛋壳全坐在玻璃杯（瓶）上，使蛋壳能卡在杯口，而薄膜部分则完全浸在水中。不久，你会发现红色的糖溶液慢慢地在玻璃管内上长，几个小时以后，溶液就会溢出管口，说明玻璃杯中的水已经渗透到鸡蛋壳里面了。

45. 粗盐的提纯实验

【实验原理】

粗盐中含有泥沙等不溶性杂质，以及可溶性杂质，不溶性杂质可以用溶解、过滤的方法除去，然后蒸发水分得到较纯净的精盐。

【实验步骤】

（1）实验仪器：托盘天平，量筒，烧杯，玻璃棒，药匙，漏斗，铁架台，蒸发皿，酒精灯，坩埚钳，胶头滴管，滤纸，剪刀，火柴，纸片

（2）药品：粗盐，水

（3）实验目的：

①掌握溶解、过滤、蒸发等实验的操作技能；

②解过滤法分离混合物的化学原理；

③体会过滤的原理在生活生产等社会实际中的应用。

（4）操作步骤：

①溶解

用托盘天平称取 5.0g 粗盐，用药匙将该粗盐逐渐加入盛有 10mL 水的烧杯里，边加边用玻璃棒搅拌，直加到粗盐不再溶解为止。观察所得食盐水是否浑浊。称量剩下的粗盐，计算 10mL 水中约溶解了多少克粗盐。

②过滤

仔细观察滤纸上剩余物及滤液的颜色，如滤液仍浑浊，应再过滤一次。

如果两次过滤后滤液仍浑浊，应如何检查实验装置并找出原因。

③蒸发

把所得澄清滤液倒入蒸发皿。把蒸发皿放在铁架台的铁圈上，用酒精灯加热，同时用玻璃棒不断搅拌。待蒸发皿中出现较多固体时，停止加热。利用蒸发皿的余热使滤液蒸干。

④计算产率

用玻璃棒把固体转移到纸上，称量后，回收到教师指定的容器中。将提纯后的氯化钠与粗盐作比较，并计算精盐的产率。

46. 彩色温度计的制作

【实验原理】

钴的水合物在加热逐步失水时，会呈现不同的颜色，因此可以根据温度的变化而呈现的颜色变化做成温度计。

【实验步骤】

在试管中加入半试管 95% 乙醇和少量红色氯化钴晶体（$C_0Cl_2 \cdot 6H_2O$），振荡使其溶解，在常温下呈紫红色，加热时随温度升高颜色呈蓝紫色至纯蓝。

47. 酸奶制作实验

【实验原理】

内容：用家里有的器具来制作。

原理：将乳酸菌接入牛奶，采用恒温发酵法，通过乳酸菌发酵牛奶中的乳糖产生乳酸，乳酸使牛奶中酪蛋白（约占全乳的2.9%，占乳蛋白的85%）变性凝固而使整个奶液呈凝乳状态。

【实验步骤】

（1）器具：温度计，电饭锅，保温瓶，碗，勺子

（2）原料：酸奶，牛奶，白糖

（3）目的：自己制作一杯酸奶，同时观察并记录温度度酸奶制作时间的影响。

（4）要求：成功的酸奶要呈半凝固状，表面洁白光滑，没有乳清（淡黄色透明液体）析出，闻之有奶香味。

（5）操作步骤：

①向两个碗里倒入牛奶，将牛奶放入微波炉加热，以手摸杯壁，不烫手为宜。

②在每碗温牛奶中加入三勺买来的酸奶，用勺子搅拌均匀，盖保鲜膜。

③将电饭锅断电，锅中的热水倒掉，将一个碗放入电饭锅，盖好电饭锅盖，利用锅中余热进行发酵，另一碗同样用保鲜膜覆盖，放入常温下的室内。

④每隔两小时观察两个碗的变化并记录。

48. 数字式温度计的制作

【实验原理】

（1）AD590集成温度传感器

AD590集成温度传感器的温度特性如何？如何用AD590制作数字温度计？请画出线路图，说明调节方法。

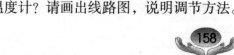

（2）铂电阻

铂电阻的温度特性如何？如何用铂电阻制作数字温度计？请画出线路图，说明调节方法。

（3）NTC 热敏电阻

什么是 NTC 热敏电阻的零功率阻值？NTC 热敏电阻的温度特性如何？如何用 NTC 热敏电阻制作数字温度计？请画出线路图，说明调节方法。

【实验步骤】

（1）实验器材：数字电压表（4 位半）、电阻箱、温度传感器（AD590、Pt100 铂电阻、NTC 热敏电阻）、直流稳压电源（0～30V）、恒温装置等

（2）实验目的：本实验要求研究各种温度传感器的温度特性，并组装一台数字式温度计。

（3）实验内容：

①AD590 集成温度传感器

确定 AD590 的工作电压范围。

研究 AD590 的电流与温度的关系。

用 AD590 制作量程为 0℃～100℃ 范围的数字温度计（要求：误差不超过 0.1℃）。

②Pt100 铂电阻

确定铂电阻的工作电流范围。

研究铂电阻的阻值与温度的关系。

用铂电阻制作量程为 0℃～100℃ 范围的数字温度计（要求：误差不超过 0.2℃）。

③NTC 热敏电阻

在恒定电流的情况下，研究 NTC 热敏电阻的零功率阻值与温度的

关系。

用 NTC 热敏电阻制作量程为 35℃ ~ 42℃ 范围的数字体温计（要求：误差不超过 0.1℃）。

49. 苏打酸灭火器制作实验

【实验原理】

食醋的成分是醋酸溶液，里面有醋酸，就是乙酸，它可以与小苏打（碳酸氢钠 $NaHCO_3$）反应：

$$CH_3COOH + NaHCO_3 = CH_3COONa + CO_2 \uparrow + H_2O$$

【实验步骤】

（1）器材：500 毫升广口瓶一个、大橡皮塞一只、内径 2.5 厘米的较短试管（长试管可截去口端一部分）一只、细玻璃棒一根、尖嘴弯玻璃管一个

（2）药剂：碳酸氢钠（小苏打）20 克、甘草粉 2 克（中药铺有售）、硫酸铝 20 克

（3）操作步骤：

①用一个大瓶子配上一个单孔胶塞并插上玻璃管。向瓶中加入一些碳酸氢钠溶液，取一支能装入瓶内的试管，盛满浓盐酸后，将试管缓慢放入瓶中，使试管能竖立起来，塞上插有玻璃管的胶塞。使用灭火器时，倒转瓶子并将玻璃管口指向火焰。小心！不要把管口对着别人或自己。

②向酸中加入洗涤剂以产生起覆盖作用的泡沫。将瓶子对准火焰，迅速倒转瓶子，剧烈反应生成大量二氧化碳，则气体的压力将液体从管口压出而灭火。

50．魔棒点灯

【实验原理】

浓硫酸与高锰酸钾反应生成氧化性很强的七氧化二锰，它和易燃物如乙醇等剧烈反应放出大量热，可将乙醇等点燃。

【实验步骤】

（1）目的：利用高锰酸钾（$KMnO_4$）和酒精的氧化还原反应产生火花，以点燃酒精灯，说明化学反应中的反应热。

（2）器材：高锰酸钾固体0.05克，酒精灯1个，浓硫酸2滴，玻璃棒1支，烧杯（400ml）1个

（3）操作步骤：

①在烧杯内边缘的任意位置滴2滴浓硫酸，在浓硫酸的对面边缘（隔180度相对）放0.05克高锰酸钾固体，带到课堂上后将玻棒底端放在浓硫酸上斜靠在杯内。

②将玻璃棒取出展示给学生看，表示玻璃棒洁净无物（润湿的无色硫酸看不出来），待学生认同无物后将玻璃棒放回大烧杯中，此时玻璃棒的底端需置于高锰酸钾上。

③把酒精灯的盖子取下，展示给学生看，确认为一般的酒精灯。

④取出玻璃棒在酒精灯的灯芯上碰触一下，即见酒精灯被玻璃棒点燃。

（4）讨论：

①高锰酸钾和酒精反应为何能点燃酒精灯？

②写出高锰酸钾和酒精的反应方程式。

③反应过程中，浓硫酸扮演什么角色？

51. 水中花园实验

【实验原理】

除了碱金属的硅酸盐能溶于水外，其余金属的硅酸盐都不溶于水，并且大多都能呈现各种美丽的颜色。利用这点，我们可以做一个有趣的"水中花园"的实验。当把硫酸铜、氯化锰、氯化钴、硝酸锌等盐投入水玻璃溶液中时，会发生如下的反应：

$$CuSO_4 + Na_2SiO_3 = CuSiO_3\downarrow + Na_2SO_4 \qquad 蓝绿色$$

$$MnCl_2 + Na_2SiO_3 = MnSiO_3\downarrow + 2NaCl \qquad 紫色$$

以上这些不溶性的硅酸盐首先在 $CuSO_4$、$MnCl_2$ 等晶粒表面形成一层难溶于水而有半渗透性的薄膜，该薄膜只允许水往晶体中渗透，而其他离子则不能透过去，当渗入的水又溶解了可溶性盐将薄膜胀裂后又会遇到硅酸钠作用形成新的薄膜，这一过程不断重复使硅酸铜等盐在硅酸钠胶体中长成美丽的枝状"树"，如"水中花园"一样。

【实验步骤】

（1）用品：烧杯，砂子，水玻璃稀溶液（20%），$CuSO_4$ 固体，$C_o(NO_3)_2$ 固体、$Zn(NO_3)_2$ 固体，$Ni(NO_3)_2$ 固体，$Mn(NO_3)_2$ 固体，$Ca(NO_3)_2$ 固体。

（2）操作方法：取 1 个大烧杯或小型鱼缸，在底部铺上厚度为 5 毫米左右经水洗过的砂子，并倒入为 20% 的水玻璃溶液，深度 10 厘米左右。

取硫酸铜晶体、硫酸亚铁晶体、醋酸铅晶体、氯化锰晶体、氯化钴晶体、氯化铁晶体、硫酸镍晶体豆粒大小各 1 粒，分别分散地投入水玻璃溶液中，静置二三分钟后，这些晶体就开始长出约 5 毫米长的各色芽状物，随着时间推移又会长出好多丝状分支。硫酸铜晶体的芽枝是蓝白色树状，氯化钴晶体的是紫色丝状物，氯化铁晶体的是橙色粗状树等等，整个水下成为绚丽多彩的"植物园"。一天以后，用虹吸法抽出水玻璃溶液，换上清水，这些"花草树木"并不溶解，它们在清水中显得更加美丽。

52. 高锰酸钾的制作实验

【实验原理】

高锰酸钾为强氧化剂，易和水中的有机物和空气中的尘埃等还原性物质作用；$KMnO_4$ 溶液还能自行分解，见光时分解更快，因此 $KMnO_4$ 标准溶液的浓度容易改变，必须正确地配制和保存。

$KMnO_4$ 溶液的标定常采用草酸钠（$Na_2C_2O_4$）作基准物，因为 $Na_2C_2O_4$ 不含结晶水，容易精制，操作简便。$KMnO_4$ 和 $Na_2C_2O_4$ 反应如下：

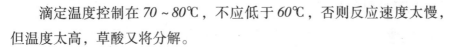

滴定温度控制在 70~80℃，不应低于 60℃，否则反应速度太慢，但温度太高，草酸又将分解。

【实验步骤】

（1）目的：掌握高锰酸钾标准滴定溶液的配制、标定和保存方法；掌握以草酸钠为基准物标定高锰酸钾的基本原理、反应条件、操作方法和计算。

（2）试剂：基准试剂 $Na_2C_2O_4$；3mol/L H_2SO_4 溶液；

（3）步骤：

1、0.02mol/L $KMnO_4$ 标准溶液的配制

称取 1.6 克 $KMnO_4$ 固体，置于 500 毫升烧杯中，加蒸馏水 520 毫升使之溶解，盖上表面皿，加热至沸，并缓缓煮沸 15 分钟，并随时加水补充至 500 毫升。冷却后，在暗处放置数天（至少 2~3 天），然后

用微孔玻璃漏斗或玻璃棉过滤除去 MnO_2 沉淀。滤液贮存在干燥棕色瓶中，摇匀。若溶液煮沸后在水浴上保持 *1* 小时，冷却，经过滤可立即标定其浓度；

2、$KMnO_4$ 标准溶液的标定

准确称取在 *130℃* 烘干的 $Na_2C_2O_4$ *0.15～0.20g*，置于 *250*mL 锥形瓶中，加入蒸馏水 *40*mL 及 H_2SO_4 *10*mL，加热至 *75～80℃*（瓶口开始冒气，不可煮沸），立即用待标定的 $KMnO_4$ 溶液滴定至溶液呈粉红色，并且在 *30*s 内不褪色，即为终点。标定过程中要注意滴定速度，必须待前一滴溶液褪色后再加第二滴，此外还应使溶液保持适当的温度。

根据称取的 $Na_2C_2O_4$ 质量和耗用的 $KMnO_4$ 溶液的体积，计算 $KMnO_4$ 标准溶液的准确浓度。

53. 喷雾作画

【实验原理】

溶液遇到硫氰化钾（KSCN）溶液显血红色，遇到亚铁氰化钾〔K_4〔Fe（CN）$_6$〕〕溶液显蓝色，遇到铁氰化钾〔K_3〔Fe（CN）$_6$〕〕溶液显绿色，遇苯酚显紫色。$FeCl_3$ 溶液喷在白纸上显黄色。

【实验步骤】

（1）用品：白纸、毛笔、喷雾器、木架、摁钉、$FeCl_3$ 溶液、硫氰化钾溶液、亚铁氰化钾浓溶液、铁氰化钾浓溶液、苯酚浓溶液

（2）步骤：

①用毛笔分别蘸取硫氰化钾溶液、亚铁氰化钾浓溶液、铁氰化钾浓溶液、苯酚浓溶液在白纸上绘画。

②把纸晾干，钉在木架上。

③用装有 $FeCl_3$ 溶液的喷雾器在绘有图画的白纸上喷上 $FeCl_3$

溶液。

54. 木器或竹器上刻花法

【实验原理】

稀硫酸在加热时成为浓硫酸，具有强烈的脱水性，使纤维素失水而碳化，故呈现黑色或褐色。洗去多余的硫酸，在木（竹）器上就得到黑色或褐色的花或字。

【实验步骤】

用毛笔蘸取质量分数为5%的稀硫酸在木器（或竹器）上画花或写字。晾干后把木（竹）器放在小火上烘烤一段时间，用水洗净，在木（竹）器上就得到黑色或褐色的花样或字迹。

55. 用"心里美"制作酸碱指示剂

（1）目的：运用化学知识联系实际问题，提高学习化学的兴趣。

（2）用品："心里美"萝卜、剪刀、小刀、烧杯、试管、试管架、稀盐酸、稀氢氧化钠溶液、酒精

（3）步骤：

①将"心里美"萝卜洗干净，用剪刀或小刀将萝卜切成小碎末，放在一个小碗中捣碎并加入酒精。

②将碎末用纱布包好，然后挤压出淡紫色的液体。

③将酸碱指示剂加入到盛有稀盐酸、稀氢氧化钠溶液的试管中，观察出溶液呈现出的不同颜色。

（4）结果：盛有稀盐酸的试管中呈现出红色，盛有稀氢氧化钠溶液的试管中呈现出黄色。

（5）结论：植物浸出液在酸性液体中呈现出红色，在碱性液体中呈现出黄色。

56. 检验含碘盐成分中所含的碘

【实验原理】

含碘盐中含有碘酸钾（KIO_3），在酸性条件下IO^{2-}能将I^-氧化成I_2，I_2遇淀粉变蓝，本实验利用KI、H_2SO_4试液与碘盐中的KIO_3反应生成I_2，再用淀粉试液检验生成的I_2。

【实验步骤】

（1）药品：含碘食盐溶液、KI溶液、稀H_2SO_4、淀粉试液

（2）仪器：试管、胶头滴管

（3）步骤：

①在一支试管中加入少量含碘食盐溶液，滴入几滴稀H_2SO_4，然后再滴入几滴淀粉试液，观察现象。

②在另一支试管中加入少量KI溶液，滴入几滴稀H_2SO_4，然后再滴入几滴淀粉试液，观察现象。

③将上述两支试管里的液体混合，观察现象。

57. 滴水生烟实验

【实验原理】

碘与锌反映（水作催化剂）时放出大量的热，使碘升华成碘蒸气。

【实验步骤】

（1）药品：碘、锌粉、Na_2CO_3溶液

（2）仪器：锥形瓶、胶头滴管、药匙、橡皮塞、纸

（3）步骤：

①用药匙的小匙分别取少许干燥的碘和锌粉，在纸上混合平均。

②用小纸条将碘和锌的混合物送入锥形瓶底中央，用带滴管（预先吸入水）的橡皮塞塞住锥形瓶口。

③向锥形瓶中逐滴滴入四滴水，察看征象。

④向锥形瓶中加入适当 Na_2CO_3 溶液，振荡以吸取碘，避免污染。

58. 吹气生火实验

【实验原理】

过氧化钠能与 CO_2 反映，并生氧气并放出大量的热，使棉花着火焚烧。

【实验步骤】

（1）药品：Na_2O_2、脱脂棉

（2）仪器：蒸发皿、玻璃棒、镊子、修长玻璃棒

（3）步骤：

①把少许 Na_2O_2 粉末平铺在 1 薄层脱脂棉上，用玻璃棒轻轻压拨使 Na_2O_2 进入脱脂棉中。

②用镊子将带有 Na_2O_2 的脱棉轻轻卷好，放入蒸发皿中。

③用修长玻璃棒向脱脂棉徐徐吹气。察看征象。

59. 自制汽水

【实验原理】

食用柠檬酸（或酒石酸）和小苏打 $NaHCO_3$ 溶于水后，能发生化学反应，产生二氧化碳气体。二氧化碳气体溶解在含糖、果汁等成分的水中，便可制成汽水。

【实验步骤】

（1）目的：了解饮料的分类与饮料的制作方法，同时了解饮料对人的危害。

（2）药品：各种饮料，"曼妥思"薄荷糖，柠檬酸，小苏打，食盐，白糖，果汁，冷开水（自备）

（3）仪器：饮料瓶（自备）、天平、纸杯

（4）步骤：

①取干净的塑料可乐瓶 1 个，依次加入适量的白糖（或食盐）、果汁、1.5 克小苏打、冷开水（不要将瓶子装得太满）和 1.5 克柠檬酸后，立即将瓶盖旋上，以防汽水冲出。

②轻轻摇动可乐瓶，观察现象。发现瓶中产生大量气泡。由于瓶盖旋得很紧，产生的气体无法逸出。约经 15 分钟，自制的汽水即可饮用。

60. 检验尿糖实验

【实验原理】

糖尿病患者尿液中含有葡萄糖，含糖量多，则病情重。检验尿液中的含糖量，可以用硫酸铜跟酒石酸钾钠与氢氧化钠溶液配制成的叫做费林试剂的药液来检验。其反应原理与用氢氧化铜悬浊液检验醛基相同。

【实验步骤】

步骤：

（1）配制费林试液取 100mL 蒸馏水，加入 3.5g 硫酸铜晶体制成溶液Ⅰ；另取 100mL 蒸馏水，加入 17.3g 酒石酸钾钠和 6g 氢氧化钠制成溶液Ⅱ。将溶液Ⅰ与溶液Ⅱ分装在两只洁净的带密封塞的试剂瓶中，使用时等体积混合即成费林试液。

（2）检验用吸管吸取少量尿液注入一支洁净的试管中，再用另一支吸管向试管中加入 3~4 滴费林试剂，在酒精灯火焰上加热至沸腾，加热后：

①若溶液仍为蓝色，表明尿液中不含糖，用"－"表示；

若溶液变为绿色，表明尿液中含少量糖，用"＋"表示；

②若溶液呈黄绿色，表明尿糖稍多，用"＋＋"表示；

③若溶液呈土黄色，表明尿糖较多，用"＋＋＋"表示；

④若溶液呈砖红色混浊，说明尿糖很多，用"＋＋＋＋"表示。

61. 检验蔬菜水果中的维生素 C 的含量

（1）材料：烧杯、淀粉、玻璃棒、碘酒、几片菜叶

（2）步骤：

①在烧杯内放入少量的淀粉，倒入一些开水，并用玻璃棒搅动成淀粉糊；

②滴入 2~3 滴碘酒，观察淀粉糊有什么变化；

③再找几片青菜叶子，榨取叶柄中的汁液，然后把汁液慢慢滴入淀粉糊中，边滴边搅动，观察有什么现象。

（3）现象：实验发现乳白色的淀粉变成了蓝紫色。加入菜汁液蓝紫色的淀粉糊又变成乳白色。

（4）结论：维生素C、碘酒发生反映，使蓝紫色淀粉糊溶液变成乳白色。通过这个实验可以检验蔬菜中是否含有维生素C。

62．水流有力量的实验

（1）材料：小水轮、烧杯、水

（2）步骤：

①在烧杯内盛满水，在小水轮上方对着小水轮的叶片均匀的倒水；

②观察小水轮的变化，做好记录。

（3）现象：当用水流冲击小水轮时，小水轮会转动起来。

（4）结论：实验说明水流是有力量的。

63．气体热胀冷缩实验

【实验步骤】

（1）材料：锥形瓶、大烧杯、小气球、细线、开水、冷水

（2）步骤：

①用细线把小气球扎在锥形瓶口。把锥形瓶放入装有热水的烧杯中，观察现象；

②把锥形瓶取出，放入冷水中，观察有什么现象。

（3）现象：把锥形瓶放入热水中，瓶内空气受热体积膨胀，气球变鼓，竖立起来；把锥形瓶取出，放入冷水中，瓶内空气受冷收缩，气球会逐渐变小，垂下来。

（4）结论：实验说明气体具有热胀冷缩的性质。

（5）注意事项：

①锥形瓶与气球的连接处不能漏气；

②最好选择壁较薄的气球。

（6）应用：炎热的夏天，自行车爆胎现象。

64． 小孔成像实验

（1）材料：纸屏，蜡烛，硬纸片，火柴，缝衣针

（2）步骤：

①在桌上一张白纸作纸屏；

②用针在硬纸片的中心位置扎一个小孔，并把它放在蜡烛和纸屏之间，观察纸屏上有什么现象。

（3）现象：实验中发现纸屏上出现蜡烛火焰的像，并且像是倒立的。

（4）结论：小孔成像说明了光是沿着直线传播的。

（5）注意事项：蜡烛、纸屏、小孔要在一条直线上，中心高度要大致相同。

65． 分离叶绿素

（1）材料：烧杯、锥形瓶、新鲜的绿叶、酒精、三角架、石棉网、火柴、热水

（2）步骤：

①把一片绿叶放入锥形瓶中，再加入酒精到淹没绿叶为止；

②把锥形瓶放入一个大烧杯中，在大烧杯中倒入热水；

③在三角架上放好石棉网，然后把大烧杯放在上面，点燃酒精灯加热；

④过一会，观察有什么现象。

（3）现象：过一会，会看到锥形瓶中无色酒精完全变成绿色，这些绿色物质就是叶绿素。

（4）结论：植物的绿叶中含有叶绿素。

（5）注意事项：注意使用酒精灯的方法。给烧杯加热时应该隔着石棉网加热。

66. 水果电池制作实验

【实验原理】

电池需要利用两种金属，使其成为正极与负极，在他们之间则置有盐酸或碱液等导电性的物质，这些物质一般解质，称为电解质。电解质可以游离出金属离子，一般说来，任何金属接触到电解质，都会放出电子，成为带正电的离子。

【实验步骤】

（1）目的：利用各种水果，做成水果电池，并比较水果的 pH 值与其产生的电压的关系。

（2）要求：掌握电压表的使用方法。

（3）器材：测量设备：电压表、电流表、导线、夹子、pH 试纸；电池组件：橘子、柠檬、苹果；极板：铜片、锌片

（4）步骤：

①分别取 2 个重量相似（误差小于 2 克）的不同水果，切成两半，测出每 1 个水果的 pH 值，同种水果取平均值得出每种水果的 pH 值；

②分别在这几种水果的两端插入锌片和铜片，将 4 瓣水果串联起来，与发光二极管连接；

③分别测量这些水果串联后的电压及通过发光二极管的电流。

第五章

学生组织模型制作的实践活动

1. 学生模型制作活动的主要内容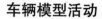

航空模型活动

航空模型活动的内容主要有：了解有关的航空知识和航模的基本知识；制作风筝、热气球等简易飞行器；制作简易纸术结构的弹射机、滑翔机；橡筋动力飞机模型制作；初级牵引滑翔机的制作；飞机模型的调试；航空模型竞赛活动的组织；简易航空模型的设计等。

航海模型活动

航海模型活动的内容主要有：了解有关的航海知识和舰船模型的基本知识；观赏舰船模型制作；橡筋动力舰船模型制作；简易自航帆船制作；电动动力舰船模型制作；舰船模型的试航和调试；舰船模型的竞赛等。

车辆模型活动

车辆模型活动的内容主要有：纸盒车辆模型、内力车辆模型制作；橡筋动力车辆模型制作；电动动力车辆模型制作；车辆模型竞赛活动。

2. 学生模型制作活动的组织

组织实施模型活动，可以是多种形式，灵活运用，以满足不同条件，不同层次的学生的需要，吸引绝大多数学生来参加这项活动。

建立兴趣小组

建立模型兴趣小组或小制作兴趣小组，是模型活动和小制作活动较为常见的活动形式。不管有没有开设劳技课的学校，都可以组织兴趣小组。兴趣小组可以是班级组织，也可以是学校组织的，一般是学生自愿报名参加，人数以 *20* 人左右为宜定期开展活动。在兴趣小组中，其活动内容要从易到难，循序渐进，在已开设劳技课的学校，活动内容可以比劳技课的内容深一点，同时还可以在兴趣小组中培养和发展骨干分子，指导他们去辅导其他学生开展活动。

列入科技活动课

活动课在大多数城市小学中已逐步开设。将模型活动和小制作列入小学的活动课中，在时间上得到保证，使全体学生都能参加这项活动。由于这种活动形式是面向全体学生所以选择的活动内容不能太难，要照顾大多数。在活动课上，配合制作，讲解有关知识，使学生能更好地掌握制作要领的同时，要有充裕的时间让学生自己动手制作。

组织竞赛、比赛、展览等活动

模型活动能开展各种竞赛、比赛活动，在学校内或年级之间开展各种模型、各个层次的竞赛及比赛活动，能促进学校模型活动的开展，提高学生的制作兴趣。如果本地的模型竞赛活动开展得比较正常，那么可以根据学校开展模型活动的基础，在校内竞赛的基础上，建立航模队。这种形式主要是对有一定基础的学生，为他们提供正规的机练条件和环境，代表学校参加模型竞赛活动。航模队的活动内容要符合竞赛所规定的小学组项目，要根据比赛规则和要求进行制作和训练，以适应比赛的需要。除了比赛以外，还可以经常性地举办学生模型和小制作作品展览，使他们看到自己制作的成果，提高制作信心。

3. 学生模型制作活动的知识介绍

学生模型制作活动要根据学生的年龄特征、知识水平，因地制宜、因校制宜来设计。同时，模型活动中的航空、航海、车辆和小制作活动思路有其共同点，也有不同之处。学生模型制作活动的知识介绍主要有以下几种形式：

参观访问

　　参观访问是学生在老师的带领下，到附近的航空博物馆、机场、码头、汽车制造厂等地进行参观，使学生了解飞机、轮船、车辆的种类和主要性能及用途，以加强对有关知识的掌握。

　　参观访问一般可以放在制作活动之前，使学生对飞机、轮船、车辆有较多的感性认识，提高学生的兴趣；也可以把这项活动安排在学生刚做过一些简易的模型后，这时，小学生对模型已有了一定的兴趣，参观访问时更具有目的性。

　　参观访问的形式、内容可以多种多样，参观制造厂可以了解飞机、轮船、车辆的制造过程，使学生明白造一架飞机、一艘轮船、一辆汽车，需要成千上万个人经过艰苦的劳动和合作，才能制造出来；直接参观飞机、轮船、车辆，可以使学生了解各种交通工具的种类、用途和性能；访问工程技术人员，请他们谈谈飞机、轮船、车辆的发展状况，以及它们在国民经济中所发挥的作用；访问优秀的飞行员、驾驶员，请他们谈谈如何驾驶这些现代化交通工具以及得要掌握哪些知识等。

　　参观访问活动，要事先进行联系，告诉接待单位参观的目的要求，以便接待单位能有针对性地进行准备，如有的学生家长就在这些单位工作，可以请学生家长帮忙，更合理地安排参观事宜。

　　通过参观访问，介绍有关知识，可以激励学生学好科学文化知识，长大后能制造出更多更好的飞机、轮船和车辆，驾驶这些现代化交通工具，为祖国"四化"建设服务。

　　参观访问可以放在低中年级中进行。参观访问前，要向学生明确提出参观访问的要求和任务；使学生做到目的性明确。参观时要绝对注意安全，提醒学生不能乱摸乱动，听从指挥，同时要注意观察。

观看展览

　　利用电教手段，如电影、录像、幻灯片，向学生介绍有关航空、航海、车辆等知识，具有形象、生动的特点。随着办学条件的逐步改善，城市小学一般都已配备了录像机、电视机和幻灯机这些电教设备。可以向教仪站、电教站或社会录像带出租点租借有关航空、航海、车辆等方面的科普录像片，向学生进行播放，也可以组织学生观看科教电影。

动用电教设备，可以向学生介绍航空、航海、车辆的发展史，我国在世界航空、航海、车辆史的辉煌成就；各种飞机、轮船、车辆的设计、制造、种类和用途，用高科技武装一起来的飞机、轮船、汽车在现代经济、生活和战争中的应用等。

图片展览就是利用有关航空、航海、车辆等图片资料，向学生介绍有关知识的一种形式。它简单易做，比较形象。

图片资料的来源比较广，可以利用图书馆中的有关资料，绘制成简单的图片，也可以利用各种报刊杂志、画报、挂历、明信片等。展览时，可以发动学生收集各种图片，将收集到的图片整理归类，进行展览。这样，既锻炼了学生的能力，学到了知识，又能提高学生的参与意识。

图片展览的内容相当广泛，如航空、航海、车辆发展简史；我国古代在航空、航海、车辆领域的发明，如风筝、罗盘、指南车等；中外科学家的图像和简介；航天事业的发展等等，也可以启发学生，发挥学生的想象力，举办"未来的交通工具"想象绘画展览，促进学生的智力发展。

利用电影、录像等电教手段向学生介绍有关知识，可以根据播放的内容，分别安排在低、中、高各个年级中进行。图片展览，可以放在低、中年级，举办想象绘画展览，宜放在高年级。部分组织工作，可以让高年级学生参与。

举办故事会

讲故事、听故事是小学生所喜爱的活动形式之一，举办故事会，讲讲航空、航海、车辆方面的人和事，能加深他们对有关知识的了解。

故事的内容很广。航空方面：韩信发明风筝的故事；莱特兄弟发明飞机的故事；中国人民志愿军空军英雄打败美国王牌飞行员的故事；"长征"火箭发射人造卫星的故事等等。航海方面：我国祖先"刳木为舟"的故事；郑和七下西洋的故事；哥伦布发现新大陆的故事；甲午海战的故事；远洋科学考察，建立长城站的故事等等。车辆方面：我国古代指南车的故事；蒸汽机车的发明；我国第一辆汽车诞生的故事等等。

活动思路

（1）在组织举办故事会前，要确定故事会的主题。主题要明确、新颖、有感染力，其内容可以是侧重于思想教育，对学生进行爱国主义教育，如"我国航空史上的伟大成就"、"我国古代的航海家"、"我国的航天事业"等；可以侧重于创造发明，如"我国在航空、航海、车辆领域的创造发明"；也可以侧重于某个人或某件事，如"韩信的故事"、"郑和的故事"、"甲午海战"、"南极长城站"等。

（2）要帮助指导学生寻找故事题材。可以通过阅读科普读物和观看科普影视片，在阅读和观看过程中，要指导学生抓住主题，把握住主要的人和事。在具体的准备过程中，可以事先进行分工，如按小组把内容分配下去，以小组为单位进行准备，然后由各小组推荐几名代表上台讲故事。在故事会中，可以考虑安排一些有关的知识竞赛问答，以提高学生的兴趣，也能促进学生积极进行准备，取得最佳效果，如能邀请有关的工程技术人员、飞行员、驾驶员来讲故事，将能起到更好的效果。

以上的活动思路，是以介绍知识为主，适合于在低、中年级学生中组织。

4. 学生模型制作活动的具体步骤

制作活动是模型活动和小制作最主要的活动形式。通过制作，能进一步巩固对飞机、轮船、汽车的了解。掌握制作方法，提高动手能力。

活动内容

活动内容的选择要根据学生的年龄特征和知识水平，根据制作工艺的难易、结构的简单复杂进行选择。活动内容可以根据项目系统进行选择，如航空、航海、车辆或小制作；可以根据材料进行选择，如纸质模型和小制作、木质模型和小制作；可以根据动力要求进行选择，如橡筋动力模型和小制作、电动动力模型和小制作；小制作活动还可以根据制作原理进行选择，如光学小制作、力学小制作、声学小制作等等。另外还可以进行工具小制作、玩具小制作、教具小制作等。内容选择上要从易到难，循序渐进，注意每次活动都能比以前有所提高，并且在设计上要注意趣味性，以提高学生的制作兴趣。同时内容选择还必须考虑活动经费和器材、设备的要求。

活动形式

在制作活动中，活动形式要多种多样，要根据所开展的制作活动是普遍性的，还是提高性的；是几个学生合作一件，还是每个学生作一件的情况选择活动形式。对于普及性制作活动，可以安排劳技课和组织兴趣小组。制作内容难度不能太大，每个学生都制作一件，也可以几个学生合作一件。兴趣小组可以每班组织一个，也可以按年级组织，分成初级组、中级组、高级组。提高性制作活动，是在普及的基础上进行的，可以组织多种形式的展览、评比、表演和比赛活动。在寒暑假举办冬令营、夏令营，把积极分子和骨干分子组织起来，集中活动，提高水平。

材料和工具

当活动形式和内容都确定后，就可以考虑制作活动所需要的材料和工具，为制作活动作前期准备。一般模型活动和小制作，需要准备图纸、材料、粘合剂和工具。

图纸是制作活动必不可少的资料，它是制作作品的依据。通过图纸，可以了解制作模型的种类、名称、外形尺寸和比例、内部结构以及各个部件的制作方法和组装要求等。

只有在看懂图纸的前提下，才能实施制作计划，配备材料。在中高年级学生中，可以适当讲解一些识图知识，如三视图原理，图纸上的基本线条和符号等等。

材料要根据图纸和各个部件的制作要求进行配备。制作航模和小制作的材料十分广泛，有纸、吹塑纸、木材、竹材、有机玻璃、金属材料和其他材料，不同材料的加工方法不同。

纸质材料常见的有卡纸、白板纸、铅画纸、蜡光纸等。可用剪子和刀片进行剪刻加工，制作比较方便。吹塑纸也经常用来制作模型，它的加工要用锋利的刀片，粘接时用白胶。

木质材料是制作模型和小制作的主要材料，常用的有松木、桐木、三合板、五合板等。木料的选择，要注意选择无裂缝、质较软、节疤较少、已经干燥的木料，取材时还要注意木材的纹路，木料的加工，用刀子、弓据、木砂纸和锉刀等进行。

金属材料常用的有白铁皮、钢片、钢丝、漆包线、大头针等，金属材料可用剪刀、钢锉、手摇钻、焊接等方法进行加工。

由于制作模型和小制作的有些材料比较贵或者一时买不到，这时就要考虑采用代用品，用废旧物品和边角料进行制作，在这方面有很大的潜力可挖。它可以降低制作成本，如船模中的螺旋桨轴，可以用自行车辐条代替，轴套可以用废圆珠笔芯代替，舱面建筑上的探照灯，可用旧灯珠代替，或用废发光二极管或牙刷柄的一端代替等等。

工具的配备要根据制作要求，一般配有尺子、刀子、锉刀、锯子、剪刀、钻、榔头就可以开展活动了。有些工具可以自己制作，如小柳头用旧水龙头横柄一只和木棍一根制成，刻刀用废钢锯条用砂轮磨制而成等等；也可以号召学生带些家里现有的工具，如螺丝刀、钳子等。有些进一步的工具，如木工工具、台钳、电烙铁等，除学校购置一些外，可以依靠社会力量，如争取附近的工矿企业的支援。

在材料和工具的配置上，由于受经费等条件限制，可以利用社会和家庭的力量，争取得到他们的支持，依靠社会力量，增添工具设备。在独生子女较多，家长比较重视智力投资的情况下，开展制作活动时，可以利用这个有利条件，制作材料由学生家长负担，制成的作品归学生所有。这样既解决了经费问题，又能使学生家长参与支持学生参加模型和小制作活动。

讲解和示范

讲解和示范是制作活动重要的一环。在学生动手制作前，辅导员必须详细地讲解制作的名称类型，制作的材料和工具，制作的方法和步骤，各个部件如何加工，如何进行整体组装粘合以及注意事项等。尤其要注意对图纸的说明和解释，使学生在头脑中对该模型有个初步的印象。在讲解中，最好能对照图纸和实物，对于低中年级学生，可以边进行讲解，边示范制作；对于高年级学生，可以制作一件完整的作品或半成品作为示范。

独立制作

讲解完后，由学生自己进行制作。低年级学生可以跟着辅导员做，而中高年级学生可以由学生独立进行制作。辅导员要随时注意学生的制作情况，边巡视边作辅导，要指导学生各个零部件的加工方法和工具的使用方法。尤其是对比较难制作的部件，要加强进行辅导。由于制作时，有些材料很容易损坏，所以在辅导时要注意学生材料的使用情况，帮助他们提高成功率，要留有足够的时间给学生进行自己制作。

5. 模型活动中应注意的问题

科技活动的根本任务是提高和培养青少年的科学素质。开展模型活动，要培养学生勇于创新、勤于思考、大胆实践的精神，逐步形成一丝不苟的科学态度。

学会正确运用

要引导学生将课堂上所学的知识，运用到模型活动和小制作活动中去。学生从课堂上，从课外的各种传播媒介，能得到大量的知识和信息。在这些知识中，有不少可以运用到制作活动中去，如自然课中的浮力知识、电的知识、摩擦的知识等，在模型和小制作活动中都能得到应用。辅导员在辅导过程中，要有意识地指导学生，运用已学过的知识，去解答制作进程中出现的各种问题。

鼓励学生勇于创新

在辅导制作完一件模型或小制作品后，辅导员可以鼓励启发学生，如何提高该作品的性能，有什么地方可以改进，如何在竞赛活动中取得好成绩等，使学生养成勤于思考，不断创新的好习惯。

要做到持之以恒

模型和小制作活动，有易有难，制作较难的作品时，比较单调乏味，有时还可能失败。辅导员就要根据学生好奇、好动、求知欲强的特点，引导学生不能凭一时的兴趣，尤其是在制作失败后，更要鼓励学生去寻找失败的原因，帮助他们树立信心，锻炼他们的毅力。

6. 学生模型制作活动的竞赛

竞赛活动是模型活动的重要组成部分。通过竞赛，可以提高学生的制作兴趣和积极性，可以组织展览、评比和比赛等多种形式的竞赛活动，竞赛活动可以在班内进行，也可以在班际或校际进行。

比赛规则的制定

任何一项比赛，都有其比赛规则，模型比赛也不例外。比赛规则的制定，可以按照国家体委颁发的竞赛规则，也可以根据本校的具体情况进行制定。规则的制定要做到简单易行，便于操作。

比赛规则中，应包括比赛项目、比赛内容、比赛评比方法，以及对参赛运动员的要求和对模型制作的要求。

比赛项目中航空模型有风筝、弹射模型、手掷模型、橡筋动力模型、牵引模型滑翔机等；航海模型有实体模型、橡筋动力船模、电动动力船模、自航帆船等；车辆模型有橡筋动力车模和电动动力车模。

比赛内容根据项目不同有所不同，一般有外观模型比赛、竞速和竞距比赛。外观模型比赛，可以是外观实体模型，也可以是各种动力模型。竞速和竞距比赛是航空、航海、车辆模型比赛的主要内容。常见的航空模型比赛有：风筝的留空时间和放飞角度比赛；纸模型飞机的飞行距离和留空时间比赛；弹射模型飞机、牵引模型滑翔飞机、直升机模型、橡筋动力模型飞机的留空时间比赛。航海模型比赛主要是航向和航速比赛。车辆模型一般有直线竞速比赛和圆周竞速比赛两种。

比赛评分方法

外观模型比赛一般从制作工艺、制作难度、准确度、总印象等几个方面进行打分，竞速比赛中，航空模型分别用时间和距离进行评分，时间越长，距离越远，得分越高。

比赛场地的选择

比赛场地的好坏，影响到比赛能否顺利进行。场地的选择要根据比赛项目、内容来定。航空模型比赛要求场地比较宽阔，无建筑物和电线等，一般田径场就能满足小学生的比赛用场地，像纸模型飞机、手掷模型飞机，场地可以小一些。航海模型比赛，要求找个合适的水面，可以到就近的河面或公园的小湖等，较为理想的是游泳池，那儿水面平静，干扰少，易于组织比赛。车辆模型比赛场地要求较低，较容易寻找，场地不要很大，但要求地面平整，如光滑的水泥地。

裁判人员的挑选

裁判人员要求熟悉比赛规则和要求，能公正合理地进行判定。对于校内比赛，可以请学校里的老师来担任。比赛前，要对裁判人员进行简单的培训，熟悉规则和场地，最好能实地练习一次。如是校际比赛，要邀请少年宫或科技馆的专职教师和航模协会的教师来担任。

7. 学生模型制作活动的实践

经过一定数量的制作后，学生掌握了初步的制作方法，对各种性能的模型和小制作有了一定的了解。这时，辅导员可以启发学生自行设计制作模型和小制作。它能培养学生的独创性和创造性思维。

设计活动应先从改进原有制作入手，提高原有模型的性能，然后逐步深入，鼓励学生大胆设计出新颖的模型和小制作作品来。设计活动的开展可分为自由设计和命题设计，自由设计是在规定大类的情况下，不规定设计内容和要求，制作材料由自己选，如飞机模型设计，可以设计成弹射模型，也可以设计成橡筋动力模型等等。这种设计要求较高。命题设计是规定了设计内容或材料，如规定设计手掷模型飞机。设计时可采用纸质材料，也可用木质材料等。命题设计时，要把命题范围尽量小一些，这样便于学生相互交流启发，设计出较好的作品来。另外，设计用的材料为简单易找，以纸质为主，也可以利用废旧物品，如易拉罐飞机模型设计等。这项活动放在高年级学生中进行较为合适。

看舰船模型图纸

图纸是制作舰船模型的依据，它告诉我们模型的种类、名称、形状和尺寸，使我们了解模型各个零部件的位置情况。认真仔细地看懂图纸，才能选好材料工具，考虑制作方法等。

（1）图纸的线条

图纸上常见的线条有：

粗实线：表示物体外表所有看得到的轮廓线；

虚线：表示物体被逮住的轮廓线；

细实线：表示尺寸线、引线和剖面线；

点划线：表示物体的中心线、位置线和轴线；

折断线：表示断开的地方。

（2）总分布图

总分布图反映了舰船的总体情况。主要是根据三视图的投影原理，有正视图（从正前方看模型）、俯视图（自上向下看模型）、侧视图（从侧面看模型）。

（3）船体线型图

它是表示船体外型形状和大小的专用图纸，包括纵剖线型图、横剖线型图和半宽水线图。

①纵剖线型图　通过船首尾的纵向竖直平面，它把船体分为左右两个部分。中央纵剖面与船体表面的交线叫做中央纵剖线，它反映了船的侧面形状。

②横剖线型图　通过船体长度中点的横向竖直平面，中央横剖面

与船体表面的交线叫做中央横剖线。由于船体是左右对称的，所以横剖线是左右对称的，图纸上只需画出一半。一般右边画船体前半部分的横剖线，左边一半画船体后半部分的横剖线。横剖线型图是制作船模骨架的主要依据之制作舰船模型时，一般只要有横剖线型图，就能制作模型船体。因此，大多数船模图纸只给出横部线型图。

(4) 零件图

从零件图中可以看出零件的形状、结构和尺寸，有些零件图还可绘制成组装图，给制作较复杂的零件带来很大方便。制作时要根据图纸所标明的比例进行，除了解以上图纸以外，还应了解船体的一些主要尺度的名称和意义。识图应安排在高年级段学生中进行。

①船长　一般有总长和设计水线长。总长是船的首端至尾端的最大水平距离，也称最大长度。设计水线长是指设计水线与船的首尾轮廓线交点之间的水平距离。

②船宽　是指船体最宽处的横向尺寸。

③船深　是指在横剖面内，基线到甲板边线的距离，它分干舷和吃水两部分。

舰船模型的试航

舰船模型制作完毕，要进行试航。通过试航，了解船模的稳定性和水密性，熟悉模型的性能，掌握试航技术。

试航前，先要考虑试航的内容和要求，对可能出现的问题估计充分。

船模下水前，先要把模型进行全面检查：如船模的各个部件是否牢固，动力装直连接是否符合要求，电源接通后，螺旋桨是否能正常转动等，如果没有问题，就可以下水进行调整。

下水调整分静态和动态两种。静态调整是检验船模的稳定性和水密性。水密性是检查螺旋桨轴的轴套和船体是否漏水；稳定性主要检查模型静态浮在水面上是否与模型水线平齐。通过调整，使其吃水深度在预定的水线上。在调试中，还要注意船体的左右、首尾的倾斜情况。

静态调整后，将舵放正，进行动态试航，试航地点一般要选择风小，水不太深的河面，要避开水草。试航要由近到远，不要逆风进行。放航时，将模型放在水面，接上电源，螺旋桨能正常运转，将船模扶正，注意前方终点，然后轻轻放水让模型自然开出。模型开出后，要仔细观察船模的航行情况。如发现偏航，就要调整舵的角度，直到直航为止。

在初步掌握试航方法和调整技术后，就可以进一步摸索掌握不同风向、风速条件下的试航技术。

8. 纸模型飞机的制作实践

纸模型飞机是模型飞机中最简单的。它构造简单，制作方便，最适合低年级小学生的制作。一般用来制作纸模型飞机的纸，要求平整，有一定的刚性，重量轻，90%画纸、卡片纸等。纸模型飞机分为折纸和粘接两种，也可以制作像真飞机。通过纸模型飞机的制作和试飞，可以使学生学到一些初步的航空模型知识，为今后开展航空模型活动打下基础。

折纸是一种既简单又有益的活动。利用一张纸，经过反复折叠，能折出各种各样的飞机进行放飞。

纸模型飞机的试飞场地不用很大，甚至可以在室内进行。由于纸模型飞机重量较轻，不宜在风大的地方式飞，试飞时，用手拿住机翼下面重心附近部位，使机身呈水平状态，机头稍微向下倾斜，轻轻向前投出。

9. 侧影舰船模型的制作实践

　　侧影舰船模型是反映舰船侧面形象的平面模型。它以舰船的侧视图为依据，用线条来表示舰船的形状和各种设施。侧影模型制作容易，适合低年级小学生制作。

　　侧影模型的制作，实际上是采用粘贴、拼接的方法，来制作船体和主要设备的。所以制作材料容易找，如吹塑纸、彩色卡纸、瓦楞纸、布料、木料等都可以用来制作侧影模型。

　　用硬纸板或木板做底板，用铅笔把集装箱船的轮廓画在底板上。然后把集装箱船上各个部件分别画在蜡光纸的背面，用剪刀或刀片把这些部件裁下来，粘贴在底板相应的位置上。各种颜色的配置为：干舷，海蓝；上层建筑和桅，白；烟囱，红；集装箱，任意选择不同的颜色，只要不与船体和舱面建筑颜色相同就可以了。

10. 实体舰船模型和橡筋动力制作

实体舰船模型

　　实体舰船模型是用简单的几何体来反映船体外形和主要设备的立体模型。制作实体模型具有制材方便、花钱少、收获大、真实性强和可供陈列等特点，能提高制作者的识图能力，对初学者较为合适。实体模型材料一般选用木质较软的松木等，也可以用有机玻璃、泡沫塑料等制作，适合中年级小学生制作。

　　（1）船体制作：

　　找一块平整光滑的木板，在上面画出船的修面和平面的外形轮廓。用小刀加工成型，并用砂纸打磨石滑，要注意船体两侧的对称。

（2）上层建筑：

把各层甲板的外形画在木片上，用刀刻出磨光，然后把甲板一层层粘合在一起，甲板上需钻些小孔，以便插入天线和桅杆。

（3）设备：

制作方法基本上与上面相同。桅和天线可用竹丝或金属丝制作。舷灯规定左舷为红色，右舷为绿色，可用废的发光二极管或用红、绿颜色的牙膏柄制作。雷达用金属片制作，其他部件用木块、木片或有机玻璃制作。

（4）组装：

组装前，按图在船体甲板上画出各个零件的粘合位置。组装步骤可看模型立体分解图，没有立体分解图，可以根据图纸的侧视图和俯视图进行组装。

（5）模型上漆：

等胶水干后，在凹凸不平处嵌上腻子，并用砂纸打磨光滑，然后涂一二层清漆，再用水砂纸轻磨，最后根据模型各部分的颜色要求上漆。

橡筋动力舰船模型

橡筋动力舰船模型是利用橡筋扭曲和拉伸变形储存的能量，带动螺旋桨来驱动模型航行。

11. 电动舰船模型的制作实践

电动舰船模型是利用电动机带动螺旋桨旋转，推动模型航行。电动模型一般选用玩具电动机，它具有体积小、使用方便等特点。

船体制作

（1）制作肋骨　把肋骨线型图（横剖线型图）分别画在三合板

上，加工整形。

（2）制作龙骨　龙骨是纵贯船体、连接船首柱、尾柱和各个肋骨的重要部件，根据船体的侧视图，画出龙骨图，粘贴在五合板上锯下，经整形处理就可以了。

（3）组装框架　由于导弹艇的甲板是平的，可把肋骨按位置，倒置在水平的工作板上，用大头针固定。要注意各肋骨的中心线对称将龙骨朝下，对准各肋骨的龙骨槽口。如槽口不正，要进行修正。然后在槽口涂上胶水，将龙骨插入各肋骨槽口中。找几根松木条用同样方法将龙筋粘在肋骨上。在粘接时，可用大头针进行固定。等胶水干后，检查框架是否牢固、是否平直对称。

（4）上船壳板　船底板用松木板分左右两边从船尾到船首整块铺盖，在所有结合处涂上胶水，并用大头针固定。然后再上左右侧板，最后用砂纸进行加工。

（5）制作船头　由于船首曲度较大，船头要用木块削制。找两块实心松木块，削成船头形状粘上，等胶水干后进行修正。

动力装置的制作

（1）制作螺旋桨　用自行车辐条作螺旋桨轴，并将螺旋桨焊接上。

（2）制作轴套管　采用内径略大于螺旋桨轴直径的铜管或用铅笔去掉笔芯做轴套管。

（3）安装电动机　用两块小木块，放在4号肋骨后面作底座，把电动机放在上面，使电动机轴与螺旋桨轴处在同一直线上。用胶水固定电动机座，用铁皮和螺丝将电动机固定。

（4）制作连接器　用内径与螺旋桨轴和电动机轴直径相等的弹簧，将弹簧分别套在两根轴上并焊牢。

（5）电源　有3节1号电池，串联成4.5伏电压输出。画个简易电池盒，固定在 2~3 号肋骨之间。用导线将电池、开关、电动机串联起来，就完成了。

舱面建筑

根据图纸，制作舱面上的各个部件，进行组装，然后将舱面建筑粘接在甲板上就行了。

电动舰船模型，船体和动力装置制作难度较大，可以作为提高项目在高年级学生中制作。

12. 纸盒车辆模型的制作实践

纸盒车辆模型制作就是利用废旧的包装纸盒，如药瓶盒、牙膏盒、火柴盒等。这种模型制作材料简单易找，制作时只要利用纸盒的原来形状，稍加剪折，就能做成形象逼真的车辆模型。适合于小学中低年级学生制作。

牙膏盒卡车制作。取牙膏盒一只，在一头按图在车窗等部位剪开，用胶水粘好车头，用透明胶片作车窗贴上将盒的后边按图剪去多余部分做成车身，在盒的底部前后、左右各剪去一部分做轮壳。车胎用长纸条涂上胶水卷成圈做成，轴套用阔纸卷成纸管，用大头针将轮胎与车轴套接起来。车胎和轴套也可以用牙膏盖和吸管代替。用多余的纸盒片剪成车灯、保险杠等粘上，最后涂上颜料。这样一辆载货卡车模型就做好了。

13. 风力小车模型的制作实践

　　风力车辆模型是利用风力推动而向前行驶的车辆模型。它的原理与帆船相似，但制作比帆船简单，是适合小学低年级学生制作的动力车辆模型。

　　市场上供应的玩具电动机，如 WZY—*131* 型、WZY—*151* 型等，它的工作电流、重量、体积和功率都比较小。

　　根据电动机驱动车轮的方法不同，可以分为直接驱动、摩擦转传动和齿轮传动等几种方法。前面介绍的橡筋动力车辆模型，一般都可以改装成电动车辆模型。

直接驱动电动车辆模型

　　取 *20044*（毫米）松木条两根，*3* 毫米厚的木片一块，短木条两根，加工粘接起来。注意做好的车身应前窄后宽。然后取 *1* 毫米厚的木片一块，贴在车身下，用来放电池，这样车身就做好了。

　　用白铁皮包住电动机，用螺丝固定在车身后的木块上。在电动机轴上套上两个玩具轮子。用大头针穿过车身前安装轮子的部位，穿上前轮。从电动机上接出电线，装上电池，接通电源就能试车了。多由于前轮两边的空隙较小，可以剪两段废圆珠笔芯管套上，但不要将前轮固定住，以免影响前轮转动。

　　试车时，如车向后退，只要交换一下电池的正负极就能纠正过来。当车辆不能直线行驶时，可调整前轮的角度，如向右偏，将前轮向左扭一下，如向左偏，前轮向右扭，经过几次调试后，就能直线行驶了。

　　这辆电动车模适合于直线竞赛用，如果要制作一辆圆周竞赛车模，则应将车身缩短，把轮子装在车身下。固定前轮的螺丝要长些，用来挂牵引线。圆心用一块木板，中间固定一根长钉，用1.2米左右的尼龙线，两头各打一个空心结，套在螺丝和铁钉上，能灵活转动。这时接通电源，车模在尼龙线的牵引下，做圆周运动。如果试车时要翻车，可以把前轮稍微向外偏一点。

齿轮传动电动车辆模型

齿轮传动电动车模，是用电动机轴上的铜齿和后轴上的齿轮组成传动机构，来驱动车辆前进。

（1）底盘

用三合板加工成车底盘的外形。在装轴架、电池极片和装电动机位置的两侧各打一个孔，准备装螺丝用。

（2）轴架

用2根75×10（毫米）白铁皮，在距两端7毫米处各打一个能穿过车轴的小孔，并把两端弯成直角，固定在底盘上。

（3）车轴

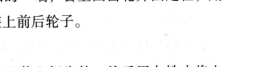

用自行车辐条穿人轴架上，并在轴架两侧在车轴上各套上一节塑料管，防止车轴左右移动。在车轴的一端，套上圆齿轮并固定住，用同样方法固定前轮轴架和轮轴，装上前后轮子。

（4）电动机

用玩具电动机，先在电动机轴上装上钢齿轮，然后用白铁皮将电动机包住固定起来，这时两个齿轮应当吻合。

（5）电池

用白铁皮做电池夹。用电线将电动机与电池夹连接起来，安装好开关。

安装完毕，注意检查各个部件安装是否正确。接通电源，检查齿轮是否太紧或太松，能否顺利带动后轮。

电动车辆模型，对于小学生来说是很吸引人的，它比其他电动模型容易制作，车辆跑得快，开得远，同时还是一般的竞赛项目。直接驱动电动车模可以在中年级段小学生中制作，高年级段小学生则可以制作齿轮传动的电动车辆模型。

14. 声学制作活动的实践

小制作活动的内容十分广泛。它可以是很简单的一件小摆设，也可以是利用声光电做的较复杂的制作，它可以根据某个学科原理进行制作，也可以是小工具制作。

在开展小制作活动中，经过老师的精心辅导，和学生自己动手制作后，可以引导启发学生仔细观察各种生活用品，实验仪器等。在小学生中开展小发明、小创造活动，可以锻炼学生的观察思考能力和创造能力。

土电话是利用声音振动传播的原理设计的。它取材简单，制作方便，适合小学低年级学生制作。

话筒

找两只塑料冰淇淋杯或纸杯，用剪刀把杯底剪掉。每个纸杯都是既做话筒又做听筒。

振动膜

用牛皮纸做振动膜。将纸剪成圆形，比纸杯底直径略大。用胶水将圆纸贴在杯底，纸尽可能拉紧。

穿线

找一根几米长的棉线，把两个纸杯连起来，用大头针在纸杯振动膜中心穿一小孔，把棉线分别穿入两个纸杯中，并打个结。这样，土电话就做成了。

游戏方法

让两个学生，一人拿一只纸杯，一人把纸杯当话筒，一人把纸杯当听筒。当一人对着话筒小声说话时，声音使振动膜发生振动，通过拉紧的棉线传到对方的振动膜上，使听筒发生同样的振动，这样声音就传到另一个人的耳朵里去了。

15. 光学制作活动的实践

光学小制作是利用光的反射、传播等原理设计的，制作时要用玻璃和镜子。利用光学原理制作的万花筒，适合于低中年级学生制作。

把裁成30050（毫米）的3块玻璃搭成三角校柱，在柱上用透明胶带粘住。在筒的一头贴上一块三角形玻璃或玻璃纸，用胶带粘住。

用硬纸做个框，把各种彩色碎纸，装入后框，在框上再放一块磨砂玻璃，用胶带粘牢。在开口的一头，用带孔的硬纸封住，三面玻璃均用黑纸糊上，再在外面核上一层漂亮的纸，如挂历等，用胶水粘好。这样，一只漂亮的方花筒就做好了。

如果在放碎片的地方，放入一只画好的彩色小蝴蝶或其他小昆虫，那将看到更加奇妙的蝴蝶奇观。

16. 机械制作活动的实践

机械中的曲轴在小制作中能发挥很大的作用。它是利用曲轴转动

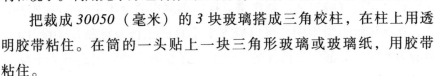

时，曲轴上的物体上下翻的原理设计的。

用三合板锯成长方形，并挖两个长方形孔，用砂纸磨光。用两个细铁丝，一根做前车轴，一根做成双动曲轴，做后车轴，用白铁皮做4个车轴架，将轴架固定在长方形底板上，穿进车轴，装上轮子。

在硬纸板上，分别画出阿童木的身子和两个手臂。用细铁丝将手臂和身体连接起来，使手臂能自由摆动。用两根细铁丝，分别将手臂和曲轴连接起来。

在阿童木前方放上一只鼓。鼓用乒乓球制作，将乒乓球上下各剪掉一些，再在剪去部位糊上牛皮纸即可。

使用方法：推动小车，使双动曲轴一上一下翻动，由铁丝带动阿童木手臂，一上一下挥臂击鼓。

利用曲轴可以制作许多玩具，如活动小鸡等。只要肯动脑筋，必定能设计出更好的曲轴小制作来。这项小制作适合于中年级小学生制作。在高年级小学生中，可以启发学生自己进行设计制作。设计时，要弄清楚哪几个部位是活动的，动的幅度如何，然后用高低或正反的曲轴来进行带动。